김찬옥 작품집

나의 시, 나의 라이프

도서출판 비움과 채움

작품집을 내면서

김 찬 옥

《나의 시, 나의 라이프》를 내면서, 오랫동안 떠났던 글쓰기를 감히 다시 시작했던, 지난 한 해를 뒤돌아보게 된다.

코비드-19이 시작되고 3개월도 채 되기 전이었던 5월 초, LA에 살고 있었던 시조카의 아내, Michelle이 41세의 젊은 나이에 갑작스레 세상을 떠났다. 본래 허약했던 조카며느리였지만 9살, 7살의 딸과 아들을 낳고, 조카와 행복하게 살고 있었던, 젊은 가정에 닥친 뜻밖의 비보를 접하고, 감히 조카의 심정을 헤아리며 쓴 첫 애도의 시가 바로 '벤틸레이터'이다.

그러나, '벤틸레이터'를 당사자인 조카를 비롯하여 30명이 넘는 2세들은 물론 내 딸과 내 아들도 잘 이해하지 못함을 애석해 하던 중, 두 분의 지인이 고맙게도 영어로 번역을 해 주셨다. 이를 계기로 용기를 내어, 나의 눈에 비친 자신들을 묘사한 시를 스스로 읽게 하고 싶어, 다섯 어린 손주들의 사진과 함께 미약한 영어로 쓰게 된 이유를 밝히며 양해를 구한다.

판데믹 라이프를 2년째 살아내면서, 더 나아가 아시안 혐오의 대상으로 초라해진, 반세기의 삶을 되돌아보면서, 딱히 한국인으로도 미국인으로도 받아들여지지 못한, 'Big Joke' 같아진 모호한 정체성을 위로받고 싶어, Ipad를 손에서 놓지 못했던 지난 2020년에서 2021년으로 이어진 기이한 time zone.
급기야 2021년의 절반도 훌쩍 지나버렸고, 아직도 끝나지 않은 판데믹 이후의 갖가지 소용돌이를 헤쳐나가는 심정으로, 부끄럽고 부족한 narrative poem, 《나의 시, 나의 라이프》를 감히 세상에 내놓으며 많은 용기가 필요했음도 아울러 고백한다.

2021. 9.
미국 샌프란시스코 근교도시
로스 알토스에서

1부 시

1

2

3

4

2부 산문

3부 영문시

1부 시

1

2020년은

올림픽 드림어

4월은 잔인한 달이 아니다

벤틸레이터

이방인

채소 모종

여름이 떠나는 소리

벤틸레이터 2

가을

9월엔

산불

착한 치매

딴방 쓰기

분수

10월, 그 산불

2020년은

그것은 애초에 태어나지 않았어야 했던
사생아

생명을 품고도 저주 속에서
홀로 몸부림치다가

어미도 대신 감당 못해줄
산고 속에
홀로 견디다 혼절한 누이

2020년은 그렇게 우리들
누이의 골반에
가로 걸린 무서운 사생아

그러나 누구를 정죄하기에
그것은 너무 거대하게 자랐고
누이의 골반은 너무 빈약하다

지금은 뜨거운 산도를 찢고서라도
혼절한 누이를 살려야 할 때

아비와 어미 기진한 집도의와 탈진한 누이가
한 호흡으로 엉켜
기어이 사생아를 새 생명으로 살려내듯

지금은
신음하는 2020년의 몸부림을
멈춰줘야 할 때

탈진한 2020년을 뜨겁게
품어야 할 때

그리하여
다가오는 새로운 2021년들을 다시
맞이할 수 있도록

코로나로 사라져간
430만 생명 잊지 못해
통곡하는 우리들의 상처를
울부짖는 우리들의 절규를

가슴 속 갈피마다
깊이 화인 찍고 새기어

영원히 안고 갈
2020년으로
승화시켜야 할 때

올림픽 드림어

3월에 시작된 코로나 판데믹
눈먼 군대 되어 방향 잃은
행군 다시 시작했다

풀밭 한가운데 높이 세운
파랑 주황 노랑 팔랑개비도
날개를 접은 무더운 한낮

싼 안토니오 거리
'빌리지 공원'에
내 발길을 멈춘다

노란 장미 무성한 화원 너머로
문득 나타난

'올림픽 드림어들'
철 동상 다섯 아이

셋은 두 손 하늘 높이 쳐들고
둘은 거꾸로 물구나무 섰다

올림픽 선수 꿈
한껏 부풀어
가슴 벅찬 그 아이들

벤치 위 지친 나에게
코비드-19이 무엇이며
쿼런틴은 또 무엇이냐
알려달라 보채네

4월은 잔인한 달이 아니다

나의 4월은
잔인한 달이 아니다

이 4월에
나는
오뚜기 인형처럼

오뚝 선채로
종일 떠나간 얼굴들을 그리워한다

해마다
숨막히게 다가와 주었던

4월들이 남기고 간
그 수많은 얼굴들은

때로는
내가 사랑했고 증오했고
견딜 수 없어 했고
애닯아 했었으나

이 4월에
나는
또 다시

사랑했으나 증오했고
견딜 수 없어 했으나
애닯아 했던
그 얼굴들을

하나씩 하나씩
들쳐내고 있다

판데믹 삶으로
지치고
아시안 소외감으로
너덜너덜해진 가슴을

마지막까지
지탱해 주기를 소원하는
그것은

심장과 심장을 따뜻하게 이어줄
절박한 4월

끈끈한
그리움의 달이다

벤틸레이터

41살의, 내 아내 당신은
지금 죽음과 삶의
어디 쯤에서 헤메이기에
그리도 담담할 수 있니

수술도, 치료도 소용이 없고
두번의 심장 마비로
뇌까지 망가진 식물인간

벤틸레이터도, 음식 주입 호수도 뽑아
버렸는데
아직도 호흡줄을 놓지 못한

내 아내, 그리고 내 딸과 내 어린 아들의 엄마

당신은
무엇이 나보다 아니
저 어린 것들보다 더 뿌리칠 수 없어
그리도 주저하며 헤메야만 하니

자유롭게 훨훨

너의 긴 머리 쓰다듬어 주며
차마 안녕이라고
잘 가라고 보내주지 못하는
나, 아이들

그리고 먼 이국땅에서
마지막 와 보지도 못하는 너의 엄마와 아빠

돌아보면 그래도 우리들의 삶은
한때
참 아름다웠지
꿈속 같았지

그래서 지금도 내겐
너의 그 하얀 이마 속에 출렁이는
우리들의 노래와 환한 꿈들로
애써 입을 열지 않아도
구슬같은 네 웃음소리가 들려

생각하면
차마 우리들을 포기하지 못해
그 참담한 벤틸레이터에 매달려

혼신을 다해 고생한

당신이
너무 고마웠고, 너무 미안했고
너무 가슴이 미어져

어찌할까…
여보야
우리들 셋

---

* LA 시조카 처인 Michelle의 죽음을 애도하며 쓴 시. 베이징 대학의 중국 교수 부부였던 부모님께서도 판데믹 때문에 외동딸의 마지막도 방문하지 못했음.

이방인

낯선 도시
한복판에서
마주친 9월이

높은 빌딩 창문마다
매달려 번쩍이다가

뜨거운 창살 되어
아프게 날아와 눈을 찌른다

빌딩 숲속에
길 잃고 눈먼 이방인

낯선 도시 썰물 되어
텅 비기 전에

누가 내 손 잡아 주려나
오늘 나
노숙자 되겠네

채소 모종

금년에도
장로님 댁으로
채소 모종을 받으러 다녀왔다

늦가을부터 각종 씨앗과
앙증맞은 작은 모종 화분을 주문해서
기름진 흙에 씨앗을 묻고

층층 계단 오르내리시며
오픈 화단과 비닐 온실을 돌고 돌아
물을 주시고 가꾸신 3000여 모종들

저마다
뾰족히 고개 쳐들고
나도요 저도요 살아있음을 외친다

귀한 한국 호박과 한국 오이,
맵지 않은 고추와 깻잎과 상추에
쑥갓과 케일, 돗나물과 가지 등

한여름에서 가을까지

신선한 유기농 채소
다 함께 즐기자는
장로님의
사랑과 정성의 모종을
한 아름 받아안고

권사님의
따뜻한 커피와 다과로
오랫만에 친근한 이들과
웃음을 나눈

판데믹도 한 발 비켜선

눈부신 4월의
명절같은 하루였네

여름이 떠나는 소리

슬그머니 찾아왔던 봄

여느 해와 다름없이
천진한 꽃들
눈부셔 민망하더니

어느새 꽃잎 떨구며
그 많은 생명들 몰고
강 건너 가네
산 넘어 가네

기저질환 없어,
남 걱정하던 멀쩡한 그 청년
거짓말처럼 이 세상 버렸는데

사랑의 흔적
바람 속에도 없고
높은 하늘가에도 없어

여름의 소매자락
붙잡고 서러운 사람아

뜨겁게 난간 달구던 열기 몰며
슬그머니
떠나려는 여름

보이지도 들리지도 않는
그곳은 어디이기에

그렇게 서둘러 가야만 하나
아,
무심한 여름아

벤틸레이터 2

벤틸레이터를 뽑고도
호흡줄을 놓지 않았던
아내가 오늘
새벽 1시 숨을 멈췄다

3주 전 의사와 함께
벤틸레이터를 뽑을 때, 1시간 후 쯤
운명한 거라던 아내
음식을 주입하던 튜브도 함께 뽑았는데…

3주 동안
정말 뇌사상태였을까

뇌사상태로 이미 떠난 사람이라던
의사의 판정을 따른 것이 옳은 결정이었을까

3주 전에 이미 써 두었던 부고를
친지들에게 띄우며 슬픔보다
더 아프게 찌르던 집요한 가시

600여장의 가족들과 찍었던 사진들을

탁자 위에 늘어놓고
더는 감당이 안돼 방을 나선다

3주 동안이나 어찌 견디어 냈을까
깜깜한 무의식 중
무슨 한 가닥 빛줄기라도 보았기에
그처럼 놓아 버리지를 못했을까

- 어떻게 음식 주입 튜브까지 뽑을 수가
있었느냐고 -

탁자 위 사진들 속에서
아내의 수많은 눈들이 또 다시
나에게 묻고

- 설마 아사로 숨진 건 아니겠지 -

가시가 또 다시
나를 아프게 찌른다

가을

알맹이 없는 액자처럼
창앞에 다가선
가을

활활 불타던
동부 올바니
그 에드렌덱의 단풍은
아득한
꿈속에 머물고

텅 빈 하늘에
낯선 가을이
종일
무겁게 일렁인다

마지막 한숨을 토해내는
2020년 말미에

봄여름 용케 다 견디어 낸
쓸쓸한 뜰

설핏한 햇살 속에
처연한
장미 한 그루

눈물겹다

9월엔

9월은 잠잠히
다 멈추고 싶은 달

창문 밖 야자수도
사진 속 그림처럼
숨을 죽였다

판데믹 재확산과
수그러지지 않는 인종 갈등
천지를 삼키려는 붉은 산불
위험 수위의 주홍색 공기까지

한꺼번에
숨을 조여오는
마스크

잠잠히 9월의
어깨에 기대어
숨조차 놓아주고 싶은 날

눈을 감아도

환하게 되살아오는
그것은

어느 9월에
떠나보낸

괴로운
얼굴 하나

산불

주홍빛으로 성난 하늘
창문 앞까지
숨가쁘게 다가섰다

빨강 대피지역
노란 대피지역도 아닌
아직
하얀 안전 도시 구역인데

병원에서 싸우는 코로나 의료진
화염과 몸씨름하는 소방대원들
생명 내걸고
사투하는 이 시간

블라인드 드리우고
청정기 틀고 앉아
두려워 움츠러든
그것은

거울 속 깊이 숨어
빼꼼이 내다보는

부끄럽고
나약한
나의 모습이다

착한 치매

꿈같은 비가
헝근하게 베란다를 적시고 있다

하릴없이
방안에서 이리저리
몇 안되는 화분들을 옮겨보는데

삐이익-
화상으로 플로리다의 조카가
한 돌된 딸아이와 환하게 웃고 있다

조카의 착한 미소와
그보다 더 맑은 아가의 얼굴

하얀 도화지에 그려담아
창가 밝은 벽에 붙여두고
두고두고 바라보고 싶은
고운 두 얼굴

잠시
빈 벽을 멍하니 바라보다

우두둑 무릎을 일으켜 세운다

왜 일어났었지

갸우뚱
스르르 슬라이드 유리문을 밀고
젖은 베란다로 나선다

그리곤
고운 두 얼굴
하얗게 잊어버린 채

젖은 화단에 등을 굽히고
이 구석 저 구석으로 화분들을
옮기고 또 옮긴다

딴방 쓰기

우리가
딴방을 쓰기 시작한지
꼭 일 년

코비드-19,
판데믹이 절정에 달했던
지난해 5월쯤이었나

달랑
이층 네벽 방안에 갇혀
감금 아닌 자가격리

쿼런틴 삶과 함께
시작된 나의 습작 때문에

아침형 남편이
선뜻 선심을 쓰며

부엉이형 내게
큰방 침실을 양보하고
서재의 딴방으로 옮겨갔었다

샤워실도 따로
화장실도 따로

헐렁헐렁 편하다고
너무 좋아했었는데

이게 뭐냐,
생 홀아비 꼴이네

오늘, 낮
느닷없이 남편이
벌렁 침대 옆 빈자리에 와서 누우며
내뱉는 말

난 일찍 잠 못자고, 당신은
일찍 자야 되고…
서로 좋아했었잖아

뭐 대단한 글 쓴다고
까짓것 다시 한 방으로 합치지 뭐
큰맘 쓰는데

돌아누워 피식 웃던
남편이

에이, 여기 불편해서
내방으로 가서
편하게 자야겠다

베개까지 가슴에 껴안고
일어나 나가는 남편

이제
다시는 기회 없는데

닫히는 방문 틈새로
꼬리가 잘리는
나의 일갈

분수

9월은 그렇게,
도서관 앞 호숫가에 와 앉은
세 마리
카나디안 거위와 함께
잠시 머물다 떠났다

이름 모를 나뭇잎 사이로
성성한 갈잎 줄기 사이로

빌딩 창문마다 번쩍이며
종일 일렁이다 떠난
9월의 빈자리

붉은 벽돌담
쌜비어는 성긴
햇살을 움켜 안고
꺼이꺼이 울음을 토하는데

호수 한가운데
홀로 선 분수대는

저리도 하릴없이

물 위에
물을,
뿜고 또 뿜는가

10월, 그 산불

9월이 떠나고 나면
무엇이 남아 있을까

숨 막히던
봄여름 흔적도 없고

10월의 붉은 단풍 대신
뜨거운 불길 벌겋게 살아서 천지를 위협한다

10월은 너와 나에게
늘 아름다웠던
꿈과 사랑과 낭만의 숲

그러나 이제는
너에게, 나에게

뜨거운 불길로, 잿더미로
두렵게 피어올라

붉은 날개 펄럭이며 천지를 뒤엎는
뼛속까지 떨리는 달

하늘마저 앗아간 달

그러나
죽은 씨앗이 다시
생명으로 움을 틔우듯

찾아와 줄까

목마른
우리들의 생명수로
꿈과 낭만의 숲으로

너와 나의, 그 아름다운

10월로

남편의 발목

아마도 그 오후였나
내가 피로해서 집에서 쉬겠다고 했던,

혼자 로스 알토스 언덕길을 걷고 돌아와
별 내색없이 샤워까지 하고
희한한 꽃들 좀 보라며
찍어온 사진들을 보여주었던 그날
남편은 발목을 다쳤었다

그러고도 며칠이 지나서야,
눈에 띈
퉁퉁 부어오른 그의 발목

당일에 얼음찜질을 했어야 했는데
말도 않고 감춘 이유를 따졌더니,
두고두고
조심 안했다고 잔소리 들을 것이 싫었다고

얼음찜질에 붕대까지 감아주니
곧잘 하던 우편 수거도
발목이 불편하다고

당신이 해 줄래?

리싸이클, 쓰레기, 컴퍼스터 다 챙기던 사람이
미적대며,
당신이 벌써 다 내다 놨어?

엄살이 뺨을 친다

그래도
발을 다치고도 혼자 끙끙 견디었다는데
받은 쇼크가 너무 커

당연히 내가 해야지,
당신 발목이 그렇게 아픈데…

내가, 함께
너스레를 떤다

2

감나무

판데믹 격리완화 소식도
달갑지 않고

마스크 쓰고
6피트 거리 지키며
딱히 만나고 싶은 사람도 없어

감나무 푸른 그늘에 앉아
등나무 벽 타고 올라가는
오이 덩굴과
친구 삼는다

너댓 그루 안 맵다는 청양고추와
가지 깻잎 부추까지 오종종 심고
빨강 파랑 둥근 철망 등거리 쳐주고

빛바랜 플라스틱 의자 끌어와
녹차 한 잔 받쳐드니

판데믹 두려움, 인종차별 노여움

푸른 바람 달려와
둘둘 말아가고

하얀 구름 날아와
두둥실 실어가네

새 5월

5월이
길 건너
두 그루 야자수 사이로
빗물처럼 쏟아져 내린다

지난 5월 이맘때
7살, 9살 어린 아들 딸과 남편을 남겨두고
세상을 등진 조카며느리의 기일이 3일 앞이다

하이웨이 운전 중
갑작스레 터진 코피가 멈추지 않아
기도까지 차오르는 코피로
제대로 통화가 어려워

뒤늦게 911 차가 도착했을 때
온몸이 피로 적셔진 채
응급실로 운반된 조카며느리

코비드-19 때문에,
중환자실에 격리되며
남편과 마지막 대면한 것이

지난해 2월

3번의 코비드 테스트,
첫 번은 음성
두 번째는 양성
세 번째 다시 음성 결과 나와,

마침내 가능했던 온갖 테스트 결과
20년 전 수술했던,
후두암 재발이 멈추지 않은
코피의 원인이란다

삽시에
중환자실에 홀로 던져져
온몸에 주렁주렁 튜브들 매단 채
벤틀레이터를 끌어안고
매달렸던
참담한 90주야

급기야, 의료진의 뇌사판정으로
온갖 튜브와 벤틸레이터, 음식 주입 튜브까지
다 뽑아 버려야 했던 날

1시간 여 후면 다 끝날 거라던

의료진의 예상을 뒤집고

의료 액세서리 다 걷어버린
41살의 해맑은 몸속에
무엇이 그토록 붙잡고 있었기에

벤틸레이터를 뽑고도
3주간이나
놓지 못했던 모진 호흡

마침내 5월,
어느 날
생명줄을 놓치고 말았다

그리고, 오늘
그 어느 날을 꼭 닮은
새 5월이

베란다 너머
거대한 야자수 잎사귀 사이로
빗물처럼 쏟아져 내리고 있다

과수원

도서관 뒤
그 산책 길

깔끔하게 줄도 세우지 않은
그 과수원은

인적이 드물어
내 고향같은 곳

엊그제까지 볼품없는
파란 열매 몇 개 달려 있더니
아, 오늘 가지마다 솜털 보스스한
살구들 발갛게 열렸다

차마 나무에 달린 열매엔 손 못 대고
낭자하게 떨어진 살구 하나 주워
살며시 깨물어본다

입안 가득히 고이는
달콤한 과즙

단숨에
빨간 지붕, 그 고향집 살구나무 아래로
고스란히 데려다준다

단발머리 팔랑이던
계집아이의
동그란 뺨처럼 발갛게 익은 살구…

지금
그 계집아이는 어디 있을까

해 넘어가면, 고향길 더듬듯이
그 살구들 주우러
다시 가볼까

선물

우체통에
메일 맨이
놓고 간 선물

손바닥 크기의
아담한 상자

조심스레 셀로판 포장을 연다

손주놈 크레용보다 조금 굵은
까만 캔 스프레이
하나와

자동차 키 같은
아담한 알람키

매일 곁에서 손주놈들처럼
지켜줄 수 없어
대신 보살펴 달라고 보내온
호신용 선물

백악관 청와대 거주자는 아니어도
아시안에,
여자에,
시니어인
맞춤형 타겟인 나를 경호해줄

홍삼보다 보약보다 더 귀하다고
다급해진 마음으로

며느리가 보낸
사랑의 선물이다

저녁 산책

종일 분주한 일 끝내신 나른한 햇님
싼타 크루즈쪽 산 너머로 머뭇대며
넘어가는 그 시간

연미색, 아니 연회색빛의 길지 않은
그 시간의 산책을
나는 사랑한다

소음도 인적도 드물고
모자 쓸 필요도 없고
마스크도 입 대신 손목에 걸었다가
저만치 인적 보이면 손목 올려 마스크 쓰며

넓은 빈 주차장 내 집인 양 차지하고
꼿꼿이 허리 세워라
마음껏 두 팔 휘둘러라

육사생 흉내 내며
종일 갇혀 지낸 몸과 마음 훨훨 털어 내어도
아무도 개의치 않는
저녁 산책길

드디어 하나 둘
아늑한 불빛이 켜지기
시작하는 시간

다시 얌전한 숙녀 되어
내 집으로 돌아가는

저녁 산책길

창밖 풍경

아침마다
블라인드를 걷으면
시야를 가득 채우는 두 그루의 큰 야자수는
길 건너 저택의 소유물

콘도 이층 내 방 문턱까지
날이면 날마다
소리없이 찾아오는 그 나무들로

새로 시작되는 날들이
예사치 않을 듯한
기대 속에 일어나기도 하는데

어제 종일
정성껏 가꾼 내 베란다의 화단을 압도하며
거대하게 다가서는 야자수가
오늘 따라 못마땅하다

성곽처럼 버티고 선 그 저택은
이사 온 후 3년 째
인적 한번 본 적 없어

씁쓸한 이웃

그래도, 매일 아침
내 방문 앞까지 찾아주는

명화같은
'창밖 풍경'
고마워해야 할까

야외식당

주말마다 열리는
우리 동네 야외식당

메인스트릿, 스테이트 거리 입구에
차량 막는 오렌지 콘 줄줄이 세우고

빨강, 파랑 파라솔 아래
둥근 식탁, 모난 식탁
제법 운치를 냈다

넉넉한 거리 사이에 두고
차도 한복판까지
차려진 식탁들 사이로

도란도란 대화소리
나직한 웃음소리
와인 잔 부딪히는 맑은 글라스 소리

코비드-19 재확산 두려움
소수인종 차별의 노여움

오늘은,
다 모자 벗듯
의자 밑으로 내려놓고

아늑한 파라솔 불빛 아래
삼삼오오 둘러앉아

머나먼 명승지 관광 온
여행자들 흉내 내는
우리 동네 야외식당

벤치

싼 안토니오 코너
빌리지 공원 벤치에
요즘 숙박객 한 명이 생겼다

짙은 쥐색
담요를 머리끝에서 발끝까지
덮고 곤히 잠든 그 손님은

머리맡 벤치 아래
1갤런짜리 물 한 통이 놓여 있을 뿐
동그마니, 너무 단출해서
썰렁 내 벤치까지 추위가 밀려온다

5개월 전 시애틀 요양원에 들어간
동부 옛 지인 김 교수로부터 받은 메일을 읽고
먹먹해진 머리를 들어 올리는데

건너편 벤치의 쥐색 담요가
부르르 뒤척인다

파킨슨으로 휠체어에 앉게 된

아내를 간호해 오던 중
스트록을 맞아 몸이 마비되면서
졸지에 요양원 환자가 되신
김 교수 내외

쥐색 담요 안의 저 분은
무슨 사연으로
이 빌리지 벤치의
숙박객이 되었을까

꽃이 만개한
4월이라고
얇게 걸치고 나온 어깨 위로
썰렁 찬바람이 휘감고 지나간다

하이웨이 87

하얗게 누운
하이웨이 87

달리다
문득 올려다 본 하늘
소금물이 튀어올랐나
허공에 하얗게 말려 있다

햇살은
숫기없는 소년처럼
머무적거리고

헐벗은 숲은
가지마다 팽팽하게
봄이 고인다

하얗게 누운 87도로는
덤덤해서
편해서
정이 든 길

거무죽죽
죽은 듯한
헐벗은 숲이
입안 가득히 봄을 물고
와아와아

화들짝
놀라며 춤을 춘다

담벽 안의 작은 소동

서로 미리 약속이라도 했을까
일제히 고개 쳐들고 오그그 올라오는
파 잎새들

화려한 멕시칸 이브닝 프림로즈
활활 타는 아프리칸 데이지
벽에 걸린 꽃바구니 흐드러져 넘치는
방자한 꽃 이파리들, 다 아랑곳없이

담벽 안 한 구석에, 딴 세상인듯
저마다 풋풋한 몸매 자랑하며
도도하기 그지없다

그래봐야 한갓 파인 것을
꽃님네들 다투어 눈부신 햇살 튕기며
깔깔 박장대소하는 오후

꽃님네들아,
그려 한껏 즐기시게
우린 오늘 정갈한 식탁 차려
손님 대접한다네

붉은 메이플 잎새 사이로

투명한 햇살이
하얀 데이지 꽃술마다
촘촘히 꽂힌
이 봄을 이제

우리는
말없이 보내 드리자

아빠와 엄마 그리고 할아버지와 할머니들을
마지막 임종도 못하고
홀로 외롭게 보내 드렸듯이

지금은 그렇게
조용히 보내 드리자

활 활 타오르며 붉은 날개짓 요란하던
침실 밖 메이플 가지들은 대신
내 곁에 남겨두고

참담한 이 봄은
맑은 바람으로 포근히 감싸

조용히 보내 드리자

그래서
밤이 맟도록 대신 목메어 울어주던
메이플 잎새 사이로
다시 새 봄이 찾아올 때

우리 모두 영롱한 가슴을 열고
달려나가
먼 길 달려온 신랑을 맞듯
뜨거운 입맞춤으로 새 봄을 맞자

내 몸의 탈

내 몸에 탈이 난 것 같다

눈과 귀와 혀와
마음의 탈인데

눈은 보기 싫은 것이 너무 많고
귀는 듣고 싶지 않은 소리들로 정신이 없다

게다가
혀까지 다람쥐 쳇바퀴 돌 듯 눈 돌아가게
바빠서

내 몸 속 중앙에 좌정한 마음이
더 이상 참을 수가 없어졌다

봐야할 것
들어야 될 것
말해야 되는 역할들을

제대로 통제 못해
고심 끝에 도움을 받으러

하나님 앞에 섰다

제 눈과
제 귀와
제 혀가

저를 우습게 압니다

만드신 분이
고쳐주셔야겠어요

제가 이것들과
짝짜궁하게 저를 내치시면

저도 이것들을 내치고
제 몸에서
떠나게 생겼습니다

아들까지 내치시고
저를 택하신 아버지시잖아요
그렇잖아요

용서해 주시고

고쳐주세요
도와주세요

내 마음의 탈

내 눈과 귀와 혀가,
내 마음을 향해
반란을 일으켰다

눈이 벌겋게
마음을 꿰뚫어 보고

귀가 세미한
마음의 소리를 듣고

혀도
맘속 미미한 움직임을 귀신처럼 알아챘다

우리는 알고 보면 하수인
가슴 깊이 좌정한 너, 마음
네가 사실은 문제야

네가 못 볼 걸 보게 하고
네가 듣지 않아도 될 일
참고 넘어가도 될 일들을

환하게 선명하게 미묘하게
우리들을 일깨워서
까물어칠 지경까지
몰아가곤 하잖아

우리들
눈, 귀 그리고 혀도

힘에 겹고 벅차
하나님 앞에
나아가 엎드린다

용서해 주세요
하지만 저희들에게만
모든 잘못이 있나요

저 마음의 닻(anchor)이
채찍맞은 팽이처럼
허구헌날 날뛰는 거
보이시죠

저 닻(anchor)을
바르게, 굳세게
잡아주실 분은

아바, 아버지 오직 당신뿐

어떻게 좀 해 주세요
도와 주세요
진정시켜 주세요

찬가

아직 이른 새벽
의식과 무의식의 중간 쯤일까

블라인드도 채 걷지 않은
희뿌연
바깥세상의 소음들이

꿈결보다
더 아득하다

화면 속에 나옴직한
아침 신문에서나 읽음직한
내가 아는 그 세상의 이 아침이 맞나

감겨진 눈 속
아니 의식 속으로
따뜻한 물결처럼 스며드는
살아있음의 이 경이로움

감동적인 많은 찬송가를
지었다는 맹인 페니 크로스비가

눈을 뜨고 싶지 않았다는
그 세상과 다른

천상의 환영들이 오늘 나에게도
찾아온 것일까

우리가 돌아갈
저 세상의 아름다움이
이런 것일까

어느 고달팠던 시인이,
세상 소풍을 끝낸 후
'아름다웠더라'고 고백했듯이

세상은,
고통스러울지라도 아직은
'떠나고 싶지 않은'

애닯고
신비롭고
아름다운 곳

3

첫 손주

아들

아들과 복

나의 딸

가족사진

나의 어머니

큰 언니

둘째 언니

셋째 언니

오빠

내 남동생

시아주버님

샤브샤브 런치

운명

첫 손주

나는 늘
13살짜리 첫 손주가
마음에 짠하다

2살도 되기 전에
얼떨결에 오빠가 된
첫째는
4살이 되면서
얼결에
또 형이 되고 말았다

둘째는 딸이라서
더 사랑을 받고

동생은 막내라서
다 쉽게 쉽게 넘어간다

너는 맏이잖아
너는 오빠면서
너는 형이 돼갖고…

맏이라도
오빠라도
형이라도

억울하고
아프고,
짜증 나면

여동생처럼
막내처럼
목청껏 울고불고
발버둥 치고 싶다

제 엄마, 제 아빠는
지치지도 않고
매사에 다구치는, 첫째
우리 맏이

딱 한 과목 B 받고, 전 과목 A 받아와도
순한 우리 맏이는

전 과목 다 A 받아온
둘째 여동생 때문에
책상 앞에

시무룩 말이 없고

과목마다
클라스에 생기를 불어와
딜라이풀(delightful)하다는
코멘트를 받아온
깜찍한 둘째가

오늘 따라
나는
얄밉고
마뜩찮다

아들

세상에서
내 엄마가 제일로 이뻐

꼬블꼬블 파마머리
둥근 눈썹에
도화지 한 장 가득

내 얼굴 그려 넣던
아들 녀석이

어느 날
애인을 데리고 왔다

오이씨처럼 가녀린
하얀 얼굴에
뾰족한 어깨
고추 세우고

아들의 어깨 밑에서
하늘하늘
살랑살랑

잠자리 같이 간지러운
아들의 여자
걸음을 늦추고
뒤쳐져 걷자니

통통한 여섯 살
귀여운 내 아들은
간 곳이 없고

훤칠한 저 남자는
누구시던가

아들과 복

아들이 또
며늘아와 두 손자 앞세우고
어머니날이라고 다녀갔다

주 6일 고된 이민살이에
긴 목걸이, 집 키 매달아
빈집 뒷마당으로 혼자 드나들게 키운 아들은

어른이 되어서도 집안에만 들어서면
전등이란 전등불은 다 켜 놓곤 했다

그 아들이
이제 두 아들의 아빠가 되어

험한 하이웨이 880
50분 거리 마다하지 않고
툭하면
며느리, 두 아들 앞세우고
달려오곤 한다

마스크에 팔굽, 손등 인사하며

집 뒤 파킹장에서
6피트 거리, 고작 20여분 방문인데

마스크 한 박스 사들고 달려오고
앙증맞은 화초 사들고 달려오고
나 좋아하는 투나포케 사들고 달려오고

오늘은 또 어머니날이라고
며늘아가 곱게 포장한 명품 화장품
사들고 왔다

아들은 아들이니
당연타 치고
딸복 사위 복에
살틀한 며늘아이 복까지

아, 게다가 빼놓을 수 없는
다섯 손주 복

나의 딸

나를 닮았다고 하면
싫어하는 나의 딸

어릴 때의 나와
너무 흡사해서
나도 싫은 나의 딸은

대학으로 떠나면서
낯이 설도록
나와 다르게 변해갔다

뱀이 허물을 벗어버리듯
어미의 깊고
집요한 무늬를
얼룩진 질긴 가죽을

부드러운
옥수수 수염껍질
벗겨내듯

해마다 한 꺼풀씩

쉽게도 벗겨냈다

상큼한 물방울
햇살에 튕겨내며

단단하고 눈부신
새 속살 나올 때까지

말끔하게 깨끗하게
쭉쭉 벗겨버린다

그래
너도 좋아하고
나도 싫지 않은

나를 안 닮아
더욱 사랑스러운
나의 딸로 쑥쑥 자라가거라

가족사진

불은 구경도 못해본 벽난로 위에
당당히 세워놓은
밴쿠버 여행 가족사진

아들 딸 며느리 사위
의젓하고 깜찍하고 발랄 듬직한데

맨 앞줄
제멋대로 포즈잡은 다섯 손주들
천방지축 한참 어리다

한가운데 은발의 할아버지와
그 옆에 선 나
책 잡힐라 꼿꼿이 카메라에 눈 맞춘 채
무엇이 그리도 참을 수 없었나
실눈 뜨고 입꼬리 귀에 걸고 쩔쩔매는 중

이제 다시 보니
석양 햇살 때문이었네

우리 가족 11명

금빛 석양에 간지럼 타나
하나같이 실눈 뜨고 웃음보 터지기 직전

밴쿠버 그 가족사진
유일한 명품,
우리집 가보일세

나의 어머니

평생
우리에겐 부끄러움이었고
떳떳치 못하셨던 나의 어머니는

어떤 어머니보다
더 열심히 치열한 삶을 사신
불쌍한 여인이다

숱한 환자들 지치도록 돌보았지만,
37살 자신의 병든 심장 고치지 못하고
세상 버린 아버지의 죄는

졸지에 다섯 아이들 혼자 떠맡은 34살
미망인이
아버지 병원 조수 친구인
청년의 위로에 쓰러지게 만든 것

십대 소년 큰 오빠는
겹친 쇼크 감당 못해 집을 떠났고
이태 후, 어머니는 내 남동생을 낳았다

그 와중에 터진 전쟁과 혹독한 1.4후퇴
등에는 내 동생, 앞뒤로 네 딸 종종 걸리며
한 명도 빠짐없이 부서진 대동강 다리 건너와

살길 찾아
서울로, 부산으로, 김해로, 광주로 전전하다가
다시 서울로 되올라온 탱크 같은 나의 어머니

그러나
탱크 같던 엄마도
다시 나타난 동생의 아버지는 못밀어냈다

언젠가 중학교 소풍 끝나고,
어머니가 사시던 그 도랑물 흐르던
집앞으로 찾아갔을 때

달려나와 내 온몸을 쓸어안고
흙바닥 길에 주저앉아
흐느끼시던 엄마

낯설고 거북해서
괜히 들렸었나, 덩달아 울컥해져서
후회했던 기억이 있다

오빠가
나를 곁으로 초청했고
내가 또 어머니를 미국으로 모셔와

장로교 노인아파트에 입주하셔서
영어도 배우러 다니시고 교회 책자에 글도
써내며
15년간 평안하게 사시던 어머니

고혈압으로 쓰러져
양로원으로 들어가신 후
"감사하며 살아라"
밖에 사는 나를 오히려 늘 위로하시던,
신앙을 되찾으신 나의 어머니

돌이켜 보면
일생 죄인처럼 사신 불쌍한 나의 어머니를
늘 부끄럽게만 생각하며,

34세에 혼자가 된 한 '여자의 일생'에 대해선
한 번도 생각이 미치지 못했던 나의 이기심이
아직도 뼈아픈 뉘우침으로 나를 괴롭힌다

큰 언니

착한 큰 언니는 맏이라서
늘 양보하며 살았던 희생양

천둥이 치는 날이면
이불 뒤집어쓰고 쩔쩔매던
소심하고 겁많던 큰 언니

의과대학 본과 2학년 때
집안 형편이 기울어지면서
학업을 접어야 했다

2년 남은 언니의 의대생활을 포기 못해
어머니는 언니를 데리고
혜화동 어느 의과대학의 귀한 분 저택에
밤에 사과상자를 들고 찾아갔다

그러나 며칠 뒤
고심하던 어머니는
병약한 셋째의 급박한 치료비 때문에
혜화동 그 저택을 죄인처럼 어렵게 찾아가
사과상자에 넣었던 봉투를 다시 찾아왔다

동생의 촛불같은 생명 앞에
의사의 꿈을 접고
날개 꺾인 학처럼 조용해진
큰 언니의 삶

단정한 용모에 카멜 울 외투 허리 잘룩 여미고
100명이 넘는 의대 클래스메이트 중
오직 두 명 뿐이었던 여학생 중 하나로
선망의 대상이었던 큰 언니

그 후는 행복한 삶이었을까
그림자처럼 살다가 형부 떠난 8년 뒤
췌장암 투병생활 3개월, 마지막 임종 때까지
손수 씻기며 돌본 외아들의 눈물겨운 간호를
받으며
2년 전 눈을 감으신 나의 큰 언니

미완성 교향곡처럼
애처로운
큰 언니의 삶이다

둘째 언니

6.25 전쟁 후
초등학교 과정마저 제 때 다 놓쳐
플러스 마이너스 싸인도 모른 채

기독교 학교의 교사회의를 거쳐
특별배려로 중학생이 되었던
IQ 153의 둘째 언니는

몇 년 만에
최우수 학생이 되어
그 언니 보려고 교실로 몰려왔다는
일화가 있다

말없이 조용하기만 했던 둘째 언니는
서울대학교를 졸업하고 영어교사가 되었지만
찢어지게 가난한 홀어머니의 맏아들,
미술교사와 사랑에 빠져 결혼을 했다

"나는 불도저야, 자고 나면 다시 거뜬해."

늘 피곤으로 그림자처럼 차츰 조용해지던

언니가
“피곤해?” 걱정되어 물으면
늘 하던 대답

월급날이면, 미리 와 오뚝 앉아 기다리던
달력보다 더 똑똑하던
언니의 손아래 시누

인천까지 통근하며,
쉴틈없이 수업 후 또 과외 계속하며
두 집 살림 꾸려가던 그 언니가

32살 되던 해, 등교 전
8개월 된 둘째에게 젖을 빨리다
옆으로 스르르 무너져 종내 의식을 못 찾은 채
두 방울 눈물 매달고 생을 마감했다

아직도 감당하기 어려운
내 둘째 언니의
애달픈 삶

셋째 언니

몇 년 전 세상 등진
셋째 언니는
아직도 살아있는 나의 괴로움

6살이나 손위였지만
나와 쌍둥이로 보일 만큼 작은 체구에
허약했으나 화사했던 셋째 언니

피아노 전공에
꾀꼬리 같은 청아한 목소리에 비상한 머리로
막내인 나를 장난감처럼 끌고 다녔고

소심한 큰 언니와 서울대 출신 작은 언니까지
손안의 구슬처럼 가지고 놀며
육사 출신 대령 남편 머리 꼭대기에서
소장 노릇 하며 신나게 살았던 셋째 언니

물정 어두운 외골수 형부
퇴역 후 교수친구와 동업하다 일이 잘못됐고
동업 파트너 친구는 이혼 후 종적 감추고
3층 저택까지 거덜나며 시작된 몰락의 삶

딱히 큰 도움을 줄 만한 친인척도 없는 집안
짧지 않은 세월, 찔끔찔끔
늘 황당한 액수에 시원치 않은 손길들
펼쳤지만

결국
모든 관계 다 씁쓸하게 망가지고,
간신히 이어오던 나와의 인연도
언니의 죽음 3년 후 끊어졌다

누구도 감당할 수 없이
애초부터 잘못 산 허황된 한 가정의 삶

끝까지
고난 받는 자의 친구가 되어주지 못한
자책은
아직도 괴로운 나의 아픈 몫

언젠가 언니와
죽어서라도 만나면 풀 수 있을까

오빠

나의 삶은
지금은 이 세상을 떠난
오빠의 선물

그가 아직 14세였을 때
의사인 아버지가 졸지에 세상을 떠난
충격도 모자라
외아들이라 데리고 시집 온 자식처럼
끼고 돌며 그렇게 사랑하던 어머니가
형처럼 지내던 동네 청년과 사랑에 빠졌다

아래로 줄줄이 2살짜리 막내인 나까지
넷이나 되는 여동생들
오빠의 하늘은 내려앉았고,
바이올린 케이스 하나만 들고 집을 떠난 오빠

1.4 후퇴 때,
평양 시립교향악단 계단 앞에서 다시 만난
오빠는,
서울 부유한 학생집에 입주해 개인 레슨 할 때
백화점으로 나를 불러내 외투 사 입으라며

첫 레슨비를 봉투째 내 손에 쥐어주었다

그때 오빠의 그 눈빛이
아직도
내 안에 등불처럼 살아있다

63년도 도미한 오빠는
만하탄에서 음악공부를 마치고
새 언니와 결혼한 후
뉴욕 주 한 도시의 오케스트라 멤버가 되면서
계약서에 싸인을 하자마자 나에게
초청장을 보냈다

오빠가 나에게만 늘 아버지처럼 살뜰했던
이유는
내가 아무리 성장했어도
항상, 2살짜리 불쌍한 넷째로
그 가슴 속에 남아 있었던 탓일까

췌장암으로 돌아가시게 된 오빠를
아틀란타로 방문갔을 때
"행복하게 살 수도 있었는데…"
죽음 앞에서, 모난 성질로 늘 힘들게 했던

새 언니와 조카들에게
일일히 용서를 빌던 오빠

“내가 살면서 유일하게 잘한 일은 너를 내
옆으로 데려 온 일 같아.”
아틀란타를 떠나기 전날 밤
둘이 남았을 때 병상에서 힘없이 웃으며
내게 했던 오빠의 마지막 말이다

내 남동생

내 남동생은
성이 둘이다

언젠가
자기 아버지 성을 버리고
우리와 같은 성씨로 바꿔 버렸다

옛 어느 날, 친구와 함께 길을 가다가
멀찌감치 마주 걸어오는 동생을 보았다
우연히 길에서 만난 동생이 반가워
친구에게 소개하려는데 동생의 안색이
미묘했다

동생은 가방을 안든 손으로
교복 가슴께를 가린 채
벌겋게 멋쩍은 표정으로 비척비척 다가왔다

워낙 숫기가 없는 데다 손위 누나 친구에게
부끄럼을 타는 동생이 한편 귀엽고 우습기도
해서,
멋적어하는 동생을 손짓만 하고 보내줬다

그날 저녁,
"누나 이것 좀 달아 줘."
불쑥 내미는
앞 가슴께가 찢어진 교복 상의와
작은 이름표

우리와 다른 성의 이름표가
섬광처럼 찌릿 내 눈을 파고들었다

동생은 혼자서 우리와는 또 다르게
생부에 대한 묘한 적대감과
형과 누나들에게도 속하지 못한 외톨이로서의
외로움과 자격지심 속에 살아오고 있음을
처음 깨달았던 날

돌아보면 엄마의 따뜻한 보호도
오빠의 울타리 안에도 끼이지 못한 채
흘러가는 물줄기 속에 어쩌다 떨어진 작은
잎새처럼,
그렇게 떠밀려가며 애처롭게 자란 내 남동생

그렇게 짠하게 자란 내 남동생은
노년의 어머니에게는 더없이 지극한
아들이었고

혼자된 큰 언니에게도
때마다 달려와 돌봐주던 따뜻한 동생

지금은 천지에
이 착한 남동생과 나,
둘만 남았다

시아주버님

일 년 반전에 혼자 되신
나의 큰 시아주버니는
예전 그 집에서
혼자 사신다

당뇨에
소변 파우치에
페이스메이커

게다가, 언제부터인지 성대에 문제가 생겨
보칼 코드 보톡스 주사 치료로
더욱 조근조근 작은 음성으로 대화하시는
나의 시아주버님은

테니스와 스쿼시를 즐기셨고
교회와 가족 이벤트 때면
아름다운 음성으로 찬양을 부르시던
항공학 엔지니어

그분은 매일 아침 6시 반이면,
아들이 만들어 준 6분짜리 아내의 동영상을

틀어놓고,
"하이, 스위디(sweetie)"
인사로 하루를 시작하신다

몇 달전,
이제는 키드니가 약해지셔서
주치의로부터 투석 권유를 받으셨으나

삶의 연장보다 삶의 질을 택하시겠다는
그를
뉴저지 사는 둘째 아들이 달려와
투석 쪽으로 마음을 돌려놓고 갔다

"내 나이 86인데, 난 이제 형수 만날 준비가
다 되어 있어."
한결같이 맑은 눈빛으로
잔잔히 말씀하셔서,
우리를 먹먹하게 하시는 시아주버님

가난한 유학시절
대책없이 결혼을 강행했던
셋째 동생의 색시였던, 내게
형수도 갖고 있지 않았던 다이아

결혼반지를
남편 대신 마련해 주셨던,

아버지 같은
나의 시아주버님

샤브샤브 런치

마침내
DNR* 병동에 들어가신
시아주버님

그렇게 원하시던
2년만의 샤브샤브 런치를

이틀 전
"아무래도 힘들것 같아"
취소시키라던 시아주버님이

오늘은
너무 힘에 겨워
누구의 방문도 모두 거절하신다

뉴욕에서 달려와 있는 둘째조카가
지금
삼촌네를 대면 못하면
마지막일 수도 있다고 설득해

마침내 방문한

DNR 병실 2529호

"이제 50/50 찬스야!"
바늘 꽂힌 멍든 손을 들어 올리며
힘없이 반 반을 강조하시는
시아주버님

형님의 손위에 동생이 손을 얹고
내가 가족들께 보낼 사진 찍으려
흐트러진 백발 빗겨 드리니, 가르마가
반대편이시란다

찍은 사진 보여 달래 점검하신 후
고개 끄덕여 승낙해 주시는
나의 시아주버님

'샤브샤브' 약속 아직 건재하니
꼭 일어나셔야 해요

약속 다짐하며
스탠포드 밸리 케어
DNR 병실을 나서는

우리 발걸음

---

* DNR : Do not resuscitate(소생술 포기)

운명

어젯밤 드디어
나의 시아주버님께서
운명하셨다

큰형 손 부여잡고
마스크 쓴 채 3절까지 부른
막내동생의 가족찬송가
"all the way my savior leads me"를
"아멘"으로 화답하시던
나의 시아주버님

EOLC* 치료를 스스로 원하셔서
의료치료 다 중단하고
몰핀 드립 조절치료로 바꾸고
딱 하루 만이다

한국과 하와이, 동부로
25명 가족 카카오톡 챗팅방,
저마다 한결같이
햇빛처럼 감싸며 살아오신 큰 형님께

사랑의 빛진 이야기로 가득
메웠던 하루

넵튠 장례 미리 다 준비해 놓으시고
어려워질 판데믹 상황 미리 아셨을까
세 자녀들에게
“No Funeral Service!” 당부하고 가신
나의 시아주버님

늘 자신보다
다른 이들의 평안을 마음에 두고 살아오신
삶의, 평생 습관이

시아주버님께
쉽기만 한 삶이셨을까

“큰 삼촌 안계신 California 상상이 안돼”
우리 2세들 말에

삶의 방향 새롭게 조준하는
우리 1세들

시아주버님의 삶은

우리 가족들의 가슴에 영영 살아
이어갈 빛나는
"금메달"이다

---

* EOLC: End Of LIfe Care 약자

4

내 친구들

내 안에
살아있는
나의 친구들은

소복히
쟁반에 담긴
그림 속 과일들 같다

깜찍하고 달콤한 놈
우들두들 화끈한 놈
아릿하고 새콤한 놈

맛도 모양도 제각기인데
쟁반에 함께 어울려
어느 화가의 정물화를 연상시키는
그 친구들은

이제는
마주 앉아
차 한 잔 함께 나눌 수 없는
그림 속의 동무들

깜찍하고 발랄했던
친구는
이미 이 세상을 등졌고

우들우들 함께 여행하고 싶은
화끈한 친구는
여행이 끝나면 열 번 메시지에
겨우 한 번 답해 올까말까한 무심한 동무

판데믹 직전에 남편을 묻은
나성의 순하고 아릿한 친구는
남편을 묻고 살아내기가
그와 살던 때보다 더 힘들다고 토로한다

마지막으로
여린 듯 단단한 신사동 그 아이는
늘 아득한 눈빛 때문에
바라보는 내가 더 안쓰러운 반세기 동무

판데믹 끝날 때까지
꼭 살아들 있어야 해
이 해가 가기 전, 어느 날

어디었지

그 때 그 찻집에서
꼭 한 번 다시 만나 보기다!

친구와 기도

“딸이 지금, 병원에 와 있어”
“장이 꼬여 응급 수술을 받게 되서
수술실 밖에서 기다리는 중이야”

내 딴엔 재미있으라고
‘나의 딸’이란 제목으로
일지처럼 쓴 시를 막 보낸 후
친구로부터 받은 답신

수술실에 누워있는 그 딸을
엄마인 내 친구는
코비드 때문에 대면도 못하고

최근 귀국해
어렵게 외국회사에 취직한 어린 외동손녀가
급하게 코비드 테스트를 받고나서야
수술 후 혼자 밤을 지낸
엄마와 대면을 했단다

천지에 혈혈단신인 친구는
외동딸에 외동손녀뿐

늘 쓸쓸해서,

요지경같은
묘한 내 집안을 형제가 많다며
부러워한다

형제보다 더 살뜰한 60년지기라
앞뒤 생각없이

우리집 가족여행, 집안 모임 사진들
툭하면 보내곤 했던
아둔한 나

6시간 잡았던 장 수술이
예상외로
3시간여에 끝났다며,

다 네 기도 덕분이라고
"고맙다"
"안심됐어"
몇 번이나 되풀이 인사하는
나의 친구는

마음이 깊고
신실한 불교신자

시애틀 소식

시애틀
김 교수로부터
날아온 소식 한 줄

동부 버팔로에서
젊은 시절을 함께 지냈던
박식하시고 다재다능하신
김 교수님

파킨슨병으로 투병 중인
아내를 간호하시다 스트로크로 쓰러져

5개월 전,
콜럼버스 오하이오의 삶을 정리하고
졸지에 시애틀의 요양원 환자가 되셨다

교수님 부부 포함
도합 5명의 환자가 한 가족인
작은 요양원에

유일한 남자

파킨슨병에 치매 환자인
82세의 전 NASA 엔지니어
캔트 윌더가

며칠 전
응급실로 실려가더니
영영 돌아오지 못했다

요양원 삶의
충격 속에
미처 적응도 하기 전

마주보던
room #3와의
첫 번째 이별

매일 밤 “Help me, help me, help me”
처절하게 울부짖던 캔트가 응급차에 실려나갈 때
“God will be with you!”
교수님이 위로했고
“Thanks!”라며 주고받았던 마지막 대화

자녀가 없는

캔트의 아내는 치매로
어딘가 또 다른 요양원에 들어가 있고

그렇게 다섯 환자 중
한 명이 죽어서 떠났는데
아무 일도 없었다는 듯

변함없이
다시 운영되고 있는 그 요양원이
섬찟하고 무서워졌다는
교수님의 절망어린
소식이다

하와이

딸네가
하와이로 봄 방학을 떠났다

지난 겨울, 이 판데믹 좀 물러가면
하와이로 우리 다 함께 가족 여행 떠나요

말했던 딸이, 얼마 전 사위가
아직 여행을 갈지 결정을 안했다며,
남편이 안 가게 되면 엄마 아빠랑 함께 가요
한다

내성적인 미국 사위는
사람을 타는 편인데

우리와 늘 함께 하는 가족여행이
버거웠을까

돌이켜보니, 우리들에겐
즐겁기만 했던

베이징과 상하이 그리고 한국을 거쳐

미국으로 돌아온 긴 해외여행과
브리시티 콜럼비아, 버쳐가든의
캐나다 여름여행

감사절 LA 디즈니월드 여행 등
모두 우리가 함께 한 여행이다

게다가 요즘,
프리 틴이 된 손녀와 유난히
삐걱대는 힘든 사위

그래, 이번엔 다섯 가족끼리
망망대해 푸른 바다와
눈부신 햇살 속에

부녀 사랑
부부 사랑
가족간 사랑

오색 풍선 채우듯 재충전하는
오붓한 하와이 여행
누리고 오너라

산타바바라

아들네도
산타바바라에서
스프링 브레이크 중이다

딸네가
하와이로 봄방학을 떠나기 전날
아들에게서 걸려온 전화 한 통

엄마 어디로 여행 좀 다녀와요.
너희들은 하와이로 여행 안가니?
이번엔 누나네 가족끼리 여행하라고

그래, 우리가 너무 따라다녔지
우리도 이제 함께 여행 가면
각자 부담하기다, 너희랑 같이 가도.
알았지?

지난 봄방학 때
아들이
카멜 휴양 캠프장에
수영장 달린 값비싼 독채 하나를

며칠간 세내었던 기억 떠올라 말했던 나의
제안

그날 따라
우리에게 여행을 다녀오라고
유난히 다짐하던 토요일 아들과의 대화

그런 뒤
며느리의 인스타그램에서
산타바바라에서 도넛 사러 가다가
백인 남자에게 당한 아시안 혐오사건을
읽었다

정말 네가 당한 일?
지금 산타바바라에 있어?
네, 4일간 스프링 브레이크 왔는데,
애들 아빠가 얘기 안했어요?

아뿔싸!
누나네처럼 저희들도
오붓하게 지내고 싶은 스프링 브레이크를
속도 모르고
함께 여행 가면 우리 비용은 우리가
부담한다며

선심 쓰듯, 눈치없는 어미에게

차마 다음 날
자기들끼리 스프링 브레이크 떠난다고
말을 못했던 순한 내 아들

우리의 현주소를 깨닫게 해준,
딸과 아들의 하와이와 산타바바라
스프링 브레이크 이야기

아시안

로스 알토스 거리로
주춤 저녁이 고이는 시간

안주머니 더듬어
지갑 확인한 후
성큼 뒷문으로 나선다

일 년 넘게 써온 마스크는
이제는 외출할 때 필수품이 된
얼굴에 신는 신발

서울 친구가 항공으로 보내온 KN-94
딸 방문 오시며 장로 내외가 선물로 가져오신
수 놓인 면 마스크
교회 권사님의 선물인 구리 소재의 마스크

모두 귀한 사랑의 선물
아끼느라
제일 허름하고 낡은 것으로 골라 쓰고
주차장으로 나선다

어느 쪽 길이 안전할까

이어폰 끼고, 육사생 흉내 내며
저녁 산책 즐기던 것도
옛날 이야기

마스크 쓰고 마주 걸어오는 사람마다
석연치 않아

구차하고
초라해진 삶

선뜻 동네 월그린 가게로 발길을 옮긴다

두릿두릿 진열대를 두어 번 돌아보다가
"페퍼 스프레이 취급하세요?"
"놉!"
"어디서 구할 수 있는지 아세요?"
"온라인"

오늘 따라 한 단어로 대답하는
50대 백인 여점원이
불쾌하기 이를 데 없다

"꼴에 케렌*인가!"
그래도 종종 들리곤 하는 고객인데,
한 마디 쏴줄까 하다가
참자,
'아시안'답게 점잖게
상점을 나선다

더 어두워진 주차장
불빛 켜진 상가 쪽으로 발걸음을 재촉하려니
이 땅이 좋았어도, 꼭 백인인 줄 착각하며
살아온 것도 아닌, 짧지 않은 반세기가
짠하고
부끄럽고
억울하다

---

* 케렌 : 5,60대 여성 백인 우월주의자를 일컫는 slang

우리 콘도

우리가 사는 콘도는
도합 7가구의
단촐한 단지

1층 1호,
터줏대감 같은 마지네는
80대 백인 노부부

3층 7호,
둘째 터줏대감역 미혼 딸과 거주하는
초로의 독신녀 웬디는
로스 알토스 타운에서 일하는 백인 공무원

1층 2호,
HOA 회장역의 남자같은
북유럽계 변호사 아내 크리스는 백인
조용한 남편 벤켓은 인도인 변호사

2층 4호,
40대의 독신 렘은
큰 딸을 동부 보딩스쿨로 보내고

지금은 틴에이저 둘째 딸과 사는
반 유대인

2층 6호,
우리 앞집에 사는 이혼녀 회계사 레이는
판데믹동안 훤칠한 틴에이저로 자란 아들과
꽃같이 예쁜 딸을 둔
중국계 필리핀 2세

2층 5호,
효녀딸 덕택에
캘리포니아 쾌적한 콘도에 살고 있는 우리
부부는
동부 뉴욕주 은퇴 시니어
코리안 아메리칸

마지막
1층 3호,
최근에 이사와 아직 매일 짐을 풀고 있는
훤칠한 백인 아담은 4살, 6살짜리 두 딸의
아버지
아마존 트럭 배달원을 안내해
3호 벨을 누르니 모델같은 흑인 아내가

환한 미소로 반긴다

빌라같은 우리 작은 콘도는
판데믹과 인종갈등에 휩싸인
이즈음에도

흑 백 황
모든 인종이 화기애애
더불어 살아가는

곱게 가꾸고픈
한여름의
화사한 정원같다

콘도 친구

내가 사는
콘도 1층에 사는 마지*는

판데믹 직전까지
줌바를 추던 멋쟁이 시니어

남편 프렌치와 맞먹는 큰 키에
스탠포드 학생 라운지 소파에 앉아있던
노란 드레스 차림의 그녀의 첫 인상을
아직도 생생히 기억한다는 80대의 프렌치,

코비드와 산불이 서로 질세라
더블로 세상을 포효하던 무렵
몇 달 만에
그 잉꼬부부를 '빌리지 공원' 산책길에서
마주쳤다

구부러진 등과
두 팔에 보조 등걸이를 착용하고
프렌치와 서로 의지하며
걷는 새하얀 마지

처음엔 못 알아보고,
다음 순간엔 너무 당황해할까
오히려 우리 쪽에서 허둥대는데
"하이 네이버"
숨을 고르며, 마지가 먼저 걸음을 멈춘다

불과 반 년도 지나지 않았는데,
판데믹, 쿼런틴에 덜미를 잡힌

나의 이웃 마지가
눈부신 햇살
너울처럼 머리에 둘러쓰고

내 앞에서
깃털처럼 흔들린다

---

* 마지 : 콘도 일층에 사는 노인의 이름

멜빈 브라운

그 해, 그 혹독한 정월에
얼굴이 반이나 뭉개져 나간
혼혈아 멜빈 브라운

낮은 밥상 책상 삼아
읽던 성경 펴 놓은 채

이복 여동생 온다는 반가움에
허겁지겁 마중 나갔다가
어스름 초저녁 거친 눈발 속
달려오던 차에 부딪혀

종잇장처럼 구겨져 죽어간
멜빈의 미소 띤 얼굴이

아직도
나를 슬프게 한다

당당한 유학생들과
같은
'청년 믿음회' 멤버인 것이 민망했었나

늘 어정쩡한 미소를 얼굴에 달고
살았던 멜빈

소식 듣고 달려간 그날 밤
꺽꺽 오열하던 멜빈의 엄마

나이아가라 폭포 사이에 두고
매일 밤 국제전화한다고 전화요금 걱정했던
불쌍한 내 아들 멜빈

교회 부목사가 사다 준 쌀 한 포대
너무 사무쳐
엄마 이 쌀 먹지 말고 떡 만들어 줘,
우리 '청년 믿음회' 함께 먹을래

90도 지글대는 여름 이 한낮,
그 혹독했던 정월의 멜빈이
어쩌자고 나를 찾아 왔을까

코비드-19가 떼지어 몰아가는
참담한 죽음들의 잔영일까

---

* 동부 버팔로에 살 때, 교회 '청년 믿음회' 멤버였던 혼혈아 청년의 가슴 아픈 이야기

코비드-19

베트남전 전사자 숫자를 능가한
코비드-19가 시뻘건 입 크게 벌린 채
아직도 처처에서 숨죽이고 기다린다

4개월 동안
십 삼만 넘는 목숨 피떡 되어 죽어 나갈 때*
내 가슴 네 가슴에 함께 숨쉬던
따뜻함 애절함 몽땅 쓸어가

이제 우리들 사이사이에
서먹한 6피트 벽
영영 세워지려나

내 탓 아닌
노약이 부끄러워
마스크 쓰고 나서기도 구차한데

햇살 속으로 쓸려가는
민들레 홀씨처럼
남은 살날 아득하다

오늘은 어디쯤 다가와 있나
끝이 안 보이는
서슬 푸른 판데믹

혹시 오늘 나 잡아가려나
아니면
아래층 마지네 차례?

---

* 2020년 여름, 코비드 상황

코비드 백신

코비드는
베란다에서 시작된
나의 투쟁

지난 봄 안간힘을 쓰며
바이러스와 투쟁이라고 하듯
눈부시게 가꾼 나의 이층 화원

판데믹이 창궐하며 무성한 초록색으로,
오색찬란한 꽃잎들로 가득히 채웠던
내 베란다의 여름이 가고

왕성한 잎새들, 꽃 이파리들이
소리도 못내고
코비드-19 앞세우며
가을과 함께 우수수 죽어갔다

한 줄기 햇살이 목마른, 그늘만 무성한
내 베란다 닮아
온몸이 뼛속까지 서글픈 나를 채근하며
성급히 해가 바뀌었다

쉽지 않았던 남의 땅, 거짓말 같은
50 성상을 조롱하듯
마른 하늘 가득히 채우며 찾아온
생소한 2021년

그래도 살아남아야지
유일하게 노인들 먼저 우대하는
코비 백신 주사 맞으러 가는 날

설핏한 햇살 긴 줄 끝에 움추려 서서
민망한 기다림
10년을 더, 아니 5년이라도

깨끗하게 살고파
사람답게 죽고파

팔뚝 높이 소매 걷어 올리고
주사바늘 끝에 매달린 한 방울 소망
따끔한 그 바늘 끝 간절히 응시했네

자가격리(쿼런틴)

블라이드 틈새로 어김없이 밀려드는 햇살
오늘,
'나는 너를 또 어찌하지'

한적한 웨스트 이스트 거리로
멋없는 마스크에 키만 덜렁 큰 남자가
작은 개 하나를 데리고 지나간다

아, 그 뒤로 허니듀 같은 두 젖가슴을 출렁이며
벌겋게 벗은 여자애가
마스크로 얼굴을 반이나 가린 채 조깅을 하고
있다

뉴스에선
또 판데믹 레코드 재 급상승
변이된 바이러스의 공기오염
운운하며 잔뜩 겁을 준다

정말,
'오늘 너를 또 어쩌냐고'

아래층 은발의 마지가 허연 마스크를 쓴 채
남편을 뒤에 달고 휘적휘적 산책을 나선다

길 건너 '빌리지 파크' 벤치로
햇볕이라도 쬐러 나오나

요즘 들어 몰라보게 쇠잔해진
마지네의 위태로운 산책이
은빛으로 일렁이며 길을 건넌다

하릴없이 창문에 바짝 다가섰던 나는
어쩔 수 없이 또 받아 안은
'오늘'이 너무 아득해
핑~ 현기증이 난다

마스크 눌러쓰고
나도 길 건너 벤치로 달려 나갈까
공원 끝 6피트 구석 벤치로

그렇게, 나도
'나의 오늘'을 달래서
데이트라도 신청해 볼까

"I Can't Breathe"

6피트 넘는 거구 조지 플로이드가
백인 경찰의 무릎에 목이 짓눌린 채
죽기 전
울부짖은 마지막 절규

도로에 얼굴 짓눌려,
10번이 넘게 목숨을 구걸하다가
"마마"
죽은 엄마의 환영 보았을까
마지막 내뱉은 쉰 목소리

축구선수의 꿈도 버리고,
청소년들의 멘토로
십 여년 '평화의 사람들' 파트너로 헌신도
했었던
고향 휴스턴을 뒤로 하고, 찾아온
새 삶의 터전에서
짐승처럼 9분 29초만에
참담한 주검으로 끝난 꿈의 도시
미네아폴리스

차마 눈 뜨고 보기 힘든 살인현장의 영상으로
2주 만에 세상을 뒤엎은 시위는
뼈 속까지 쌓인 인종차별에 횃불을 붙였다

백인 브라운 흑인 홍인종 모두 일어나
미 전역 곳곳에서, 심지어 국외로 흘러넘치는
'인종 평등' 대 각성의 댐

한 겹 피부 속 용솟음치는 피는
다 똑같은 붉은색
DNA 속까지 켜켜이 쌓여온 인종차별의
바이러스,
말끔히 투석해 낼 때까지
평화의 행진 강물 되어 흘러라

플로이드의 장례식이 거행된
휴스턴의 끓는 폭염 속
그 날 June/ 9/ 2020

아들을 마중 나온 마마와의 절절한 만남은
짓눌린 그의 호흡 확 트이도록
청명하고 싱그러운 동산이기를…

Officer Derek Chauvin의 무릎에 9분 29초 동안 목이 짓눌려, 3명의 다른 경찰관들의 방관하에, 환한 5월의 대낮에 살해를 당하는 조지 플로이드.

판결(버딕)

2nd degree murder; guilty*
3rd degree murder; guilty**
2nd degree manslaughter; guilty***

백인 경찰 데릭 쇼빈의
유죄 판결 결과다

지난해 5월 25일,
백인 경찰 쇼빈의 무릎에 9분 넘게 목이
짓눌려
열 번이나
"아이 캔 낫 브리드"
생명을 구걸하다가

"마마"
끝내 엄마를 찾으며
3명의 다른 경찰들의 무지한 방관 속에
무참하게 죽임을 당한 흑인 조지 플로이드

12명의 배심원들과
참담한 살인 장면을 카메라에 담은

17세 흑인 소녀 다넬라 프레지어의 동영상이
미국 역사의 새 장을 열었다

그 참혹한 죽음
이후에
플로이드의 살인 재판이 진행 중인
운명의 도시 미네아폴리스에서

기한 지난 자동차 플레이트
교통법규로 정지당한 20세의 비무장 청년
단테 라이트가
경찰에 겁먹고 차량 안으로 피하려다

권총은 오른쪽 허리에,
테이저는 왼쪽 허리에 차는
기본법규를 깜빡 잊었다는
베테랑 여 경찰의 총격으로
또 다시 살해당했고

쇼빈의 유죄판결 몇 시간 직전인 같은 날
이번엔 콜럼버스 오하이오에서
16세 흑인소녀가 경찰이 쏜 4발의 총으로
사살당했다

칼을 들고 위협하는 상황이었다지만
CCTV에 찍힌 칼은 이미 땅에 던져진 상태
그럴 때 쓰라고 왼쪽 허리에 찬 테이저 건
이번에도 깡그리 잊은 깡통머리 경찰…

조지 플로이드 죽음 명명해 지은
조지 플로이드 아베뉴,
그 거리와 그 하늘을 가득 채우며
도도히 흐르는 인종평등의 강물

2021년
4월 21일 4시 38분의 감격스런 강물이다

---

* 2nd degree murder; 2급 살인죄, 유죄
** 3rd degree murder; 3급 살인죄, 유죄
*** 2nd degree manslaughter; 2급 과실치사죄, 유죄

CHAUVIN VERDICT
SECOND-DEGREE UNINTENTIONAL MURDER
GUILTY
THIRD-DEGREE MURDER
GUILTY
SECOND-DEGREE MANSLAUGHTER
GUILTY
BREAKING NEWS
CHAUVIN GUILTY

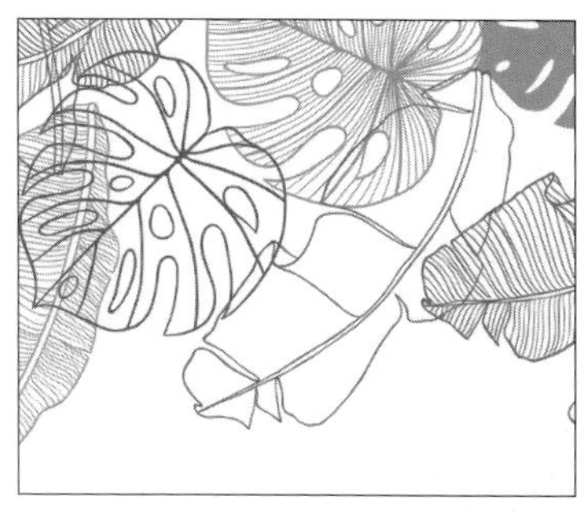

2부 산문

에스컬레이터

LA에 살았던 나의 친구

구두닦이 노인과 봄

"싱어롱 클래스"

나의 작은 베란다

빼곤한 행복

빈 카드

면회

"네 나라로 돌아가라"

에스컬레이터

나는 또 에스컬레이터 앞에서, 움직이는 스텝 위에 발을 올려놓기 전에 잠시 걸음을 멈춘다. 벌써 이십여 년은 족히 지났는데도 에스컬레이터만 대하면 어머니 생각이 나는 탓일 게다.

아마도 더위가 물러가기 시작하는 늦여름이었거나 피부에 와 닿는 공기가 상쾌하게 느껴지는 초가을이 아니었나 싶다. 어머니는 하늘하늘한 긴소매 로얄 블루 드레스를 입고 계셨다. 그때 나는 계절이 바뀌어서 어머니에게 옷이라도 한 벌 사드리려고 벼르다가 시간을 내어 함께 쇼핑을 나갔었던 것 같다.

어머니와 나는 몰 안에 있는 샌드위치 집에서 점심을 먹고, 자주 들리곤 하던 상점으로 가기 위해 에스컬레이터 앞으로 다가섰다. 그런데 앞서 가던 어머니가 움직이는 에스컬레이터 스텝 위에 한 발을 올려놓은 채, 다른 쪽 발을 올려놓지 못하고 허둥대더니 그대로 에스컬레이터 스텝으로 기우뚱 쓰러지며 주저앉는 게 아닌가! 나는 너무 놀라서 “아니, 엄마” 하면서, 어머니의 겨드랑이에 손을 넣어 껴안았다.

키가 크고 체격이 육중하신 어머니는 당황하고 놀란 안색으로, 내 팔에 온 체중을 실으시며 움직이는 에스컬레이터에서 일어나시려고 버둥거리셨다. 다행히 어머니 위쪽에서 에스컬레이터를 타고 올라가던 젊은이가 어머니의 팔을 잡아 가까스로 일으켜 세워주었다.

그러나 그 날의 일은 그것으로 끝난 것이 아니었다. 에스컬레이터 일로 신경을 많이 쓰셨던 탓인지, 어머니는 경황이 없으신 얼굴로 평소와 달리 허둥거리셨다. 그때 아마 우리는 쇼핑도 제대로 못했던 것 같다.

내 팔을 잡고 걸으시던 어머니가 갑자기 화장실에 가셔야 한다기에, 화장실이 있는 이층의 코너를 찾아 코스를 바꿨다. 그런데 그날따라 린넨 코너에 있던 화장실이 눈에 띄지를 않았다. 이층 코너 한쪽 벽에 린넨과 타올 등이 진열되어 있고, 선반 위로 벼게(pillow)들이 많이 쌓여 있던 곳이 분명한데 화장실은 온데간데 없는 거였다.

당황해서 잠시 서서 사방을 돌아보는데, 뒤에 따라오시던 어머니가 말도 못하시고 얼굴이 새하얗게 굳어져서 허리를 움켜쥐고 계신 게 아닌가! 나는 사태가 급하다는 것을 깨닫고 헐레벌떡 케시 레지스터가 있는 곳까지 뛰어가 점원에게 화장실이 어디 있는냐고 물었다. 점원이 손으로 에스컬레이터 쪽을 가르키며, 아래층 카다로그 카운터 뒷편에 있다고 했다.

아뿔싸, 내가 다른 몰 안에 있는 체인상점과 착각을 했던 모양이다. 이제는 에스컬레이터를 탈 수가 없어 엘리베이터가 어디 있느냐 물으니, 복도 끝 왼쪽 모퉁이에 있단다. 허둥지둥 엘리베이터를 찾아 어머니를 태우고 아래층으로 내려왔는데, 화장실이 눈에 안 띄었다. 이제 어머니는 완전히 사색이 되어 제 정신이 아니다. 나는 할 수 없이 어머니의 손을 잡고, 상점 밖 몰 복도로 뛰어나왔다. 복도 바로 옆에 검은 도어 하나가 눈에 띄었다. 다짜고짜 도어를 열어 보니, 좁고 긴 복도가 상점 길이만큼 뒤로 쭉 나 있었다. 아마도 밤에 청소를 하거나, 빈 상자 등을 내놓는 공간인 듯 했다. 어머니는 벌써 드레스 자락을 허리까지 걷고 계셨고, 나는 말없이 문을 닫고 몰로 나왔다. 얼마 되지 않아 어머니가 내 시선을 피하시며 그 문을 열고 나오셨고, 나도 어머니의 얼굴을 마주보지 못했다. 어머니와 나는 공범자처럼 아무 말도 하지 않고 앞서고 뒷서면서 도망치듯 몰에서 빠져 나왔다.

어머니는 그 일이 있은 후, 말수가 적어지셨다. 여전히 많은 책들을 읽으셨고 테이프에서 음악을 들으셨다. 그리고 한국 식품점에서 드라마 등을 빌려다 보시는 등 겉으로는 크게 달라진 것이 없는 듯했다. 그렇지만 어머니의 내부 어디에선가, 잘 맞춰져 있던 고리 한 개가 엇나가 버린 듯이 조금씩 머뭇머뭇 동작이 늦어지셨고, 그림자가 없는 사람처럼 어딘지 허하기만 했다. 그 후 채 일 년도 지나지 않아 나는 어머니에게 '디펜드'라는 성인용 기저귀를 사다드리기 시작했다.

어머니가 세상을 뜨시고 어느덧 20년이 가까워 온다. 내 책상 위 선반에는, 어머니가 단정한 모습으로 앉아 계신 사진 하나가 놓여있다. 그 하늘하늘, 즐겨 입으시던 불루 드레스를 입은 사진이다.

어머니는 강하면서도 담백한 성품을 갖고 계셨다. 때로는 너무 집요한 면이 있어, 종종 자식들인 우리들을 질리게도 했었다. 그렇지만 일상생활에서는 이웃이나 자식에게 의지하지 않고 스스로 매사를 해결하시고 싶어했다. 그때 어머니는 시설이 좋은 장로교 노인 아파트에서 살고 계셨는데, 의사에게 정기진단을 받으러 가시거나 은행에 가는 일은 혼자서 다 처리해냈다. 같은 아파트에서 사시는 노인들과 함께 버스를 타고 영어를 배우러 다니시기도 했고, 종종 교회 회보지에 글도 써 내셨다. 음식도 혼자라고 아무렇게나

드시지 않고 정성껏 준비해서 정식으로 차려놓고 식사를 하시는 등 생활을 즐기시는 분이었다. 그러나 그날, '에스컬레이터 사건'은 어머니의 삶에 치명적인 굴곡을 가져온 전환점이 된 것 같다.

누구에게나, 일생을 살다가 어느 지점에 도달하면 더 이상 인격체로서 자존감을 가지고 혼자 살아갈 수 없게 될, 피치 못할 상황이 찾아올 때가 있을 것이다. 에스컬레이터를 더 이상 탈 수 없게 된 순간이 어머니에겐 그 전환점이었는데, 나에겐 무엇이 그 전환점이 될까, 문득 막막해진다.

지금도 내 앞에서 에스컬레이터는 삶의 에너지로 가득 찬 분주한 사람들을 넘치게 태우고 경쾌한 마찰음을 내며, 쉬지 않고 위를 향해 올라가고 있다.

LA에 살았던 나의 친구

그날 아침 LA에 사는 나의 친구에게서 전화를 받았다. 일년 365일, 아침 7시부터 밤 10시까지 담배로부터 갖가지 드링크와 포테이토 칩스 등 잡다한 품목들을 취급하는 작은 잡화상을 하고 있는 친구이다. 아들 둘은 각각 의사와 건축사로, 딸은 서부에서 알려진 유명 백화점 노드스트롬 구두 디파트먼트 총메너저로 일하고, 이제는 그 자녀 셋을 다 결혼시켜서, 얼마 전에 할머니가 된 나의 고등학교 친구다.

몇 년 전, 서부에 갔을 때, 30여년 만에 그리워하던 그 친구와 만났다. 부활절 즈음이었는데 그때 내 친구는 상점을 뜰 수가 없어 지금 의사가 된 큰아들이, 나를 위시해, 엄마들의 옛 동창들을 위해 칠면조 고기를 구워 주었다.

그 친구는 벌써 8년째, 이듬해 봄이 되면 장사를 그만한다고 말해왔다. 언젠가는 강도가 들어와 돈이 들어 있는 메탈 레지스터 통을 나꿔채는 바람에 머리를 다쳐서 병원에 가서 몇 바늘을 꿰매고 돌아와, 다시 그 날 장사를 계속했다던 못 말리는 또순이다.

나와는, 오랫동안 같은 미국에 살면서 서로 소식을 모른 채 살고 있었는데, 이 친구는 한국으로 일본으로 연락을 끊지 않고, 8명의 우리 그룹 옛 동무들을 잊지 못하고 살아온 모양이다.

동부의 뉴욕 북쪽, 나이아가라 폭포를 낀 카나다와의 국경 도시, 버팔로에 살고 있던 나와 연결이 되어, 처음으로 통화가 되었을 때의 그녀의 흥분한 음성을 나는 아직도 잊지 못한다. 그때 몇 번이나 LA로 와서 가까이 살자면서, 자리가 잡힐 때까지 자기 집 2층을 내줄 테니, 함께 살자고 하던 정다운 친구다.

나는 나대로, 그 친구 부부의 건강이 염려되어 영업시간을 좀 줄이면 어떻겠느냐, 영업시간을 가게 도어에 명시하고 좀 슬슬하면 안되냐고 별별 걱정을 다 했었다.

그 친구와 몇 달 동안 연락이 뜸했었는데, 후에 그녀의 상점을 어떤 술취한 운전사가 차로 들이받는 큰 사고가 있었다는 것을 알게 되었다. 친구가 늘 앉아서 돈을 받는 자리가 크게 뒤로 밀릴 정도의 아슬아슬한 사고였다는데, 천행으로 친구는 아무 데도 다치지 않고 살아났다. 그 일로, 가게를 수리하는 김에, 상점 안을 넓게 확장해서 이젠 그때 네가 와서 볼 때와 같은 구멍가게 꼴은 면했다면서 친구는 활달하게 웃었다.

전화를 할 때마다 계속 기침을 하기는 예전과 마친가지여서, 내가 걱정을 했더니, 전화를 안 할 때는 괜찮다고 염려하지 말란다. 밤에 가게를 닫고 집에 가면 또 90세 넘으신 친정아버지 식사를 준비해 드리고 밤 12시가 되어서야 잠자리에 들게 된다는 나의 친구.

"이제 장사 그만두게 되면 한국에도 함께 나가고 너희 집이 있는 동부로 여행도 가고 또 여기저기 우리 신물나도록 함께 돌아다니자."

친구가 기침을 하다가 웃다가 하며 전화를 끊기 전에 늘 하는 말이었다.

"한 달 정도 가게를 인수한 사람이 자리가 잡힐 때까지 함께 일을 도와주기로 해서, 좀 더 일을 하겠지만 아무려면 15시간씩 내 일할 때 같겠니?"

그 친구가 어제, 드디어 가게가 팔렸다고 제일 먼저 내게 알린다면서 전화를 걸어왔다.

"이제, 제주도에 아버지 없는 시동생의 아들이 지지리도 고생을 하다가, 겨우 색시 하나를 만났는데, 9월에 그 애 결혼시켜 주러 나갈 일이 몇십년 만에 처음으로 하게 되는 여행이 될 것 같아! 조카에게 우선 살림 차릴 방 두어칸 마련하라고 5만 달러를 송금했더니 조카가 엉엉 소리를 내어 울더라. 내가 어떻게 그 돈을 받겠느냐고 하면서…

딸에겐 조카와 조카 색시에게 줄 시계 둘을 사라고 했고, 아들들에겐 양복과 옷가지를, 그리고 나는 결혼반지와 혼수가지를 준비하기로 다 배당시켰어!"

자신을 위해선 친구들에게 국제전화 하는 것 외엔 정말 한 푼 쓸 일도, 시간도 없다는 친구. 그녀는 자신의 딸과 아들 둘, 셋 집 장만할 때 도와준 똑같은 액수를 한국의 시조카에게 보내주었고, 그리고 그 자녀들은 또 어머니의 말이라면 무조건 순종하는 모양이다.

몇 년 전 우리에게 칠면조를 구워주었던 큰아들이, 서울에서 한 동창 내외가 LA로 방문왔을 때, '엄마, 나 이번 주 용돈 안 받을테니 대신 저분들 좋은 식당으로 모시세요' 하며 자기의 용돈을 어머니의 손에 쥐어 주더란다.

"언제 한번 꼭 LA에 다녀가라. 내가 갈비 맛있게 구워 줄게."

기쁨을 나눠주기 위해 매일 매일 피는 꽃같은 나의 친구. 여름이면 훅훅 찐다는 벨 플라워의 가게에서 한 가닥 신선한 바람처럼 날아온, 상쾌하고 기분 좋은 한통의 전화였다.

그러나, 그 친구는 은퇴 후 얼마 안되어, 사랑하는 손주와 놀다가 중풍으로 쓰러졌고, 그 후 5년 동안 휠체어에 앉아 지내다가, 몇 해 전 세상을 등졌다.

나와 약속했던 서울 여행은 끝내 함께 가지 못하고 먼저 떠난 나의 친구. 지금 내 베란다에는 방안에 갇혀 지내던 그녀를 방문하러 갔다가, 그 친구의 뜰에서 옮겨와 심었던, 알로 선인장 화분 한 개가 4개로 불어나, 그녀를 대신하듯 매일 내 곁에서 가까이 지내고 있다.

구두닦이 노인과 봄

아침에 커튼을 밀다가, 우리 집 테라스 쪽으로 내려다보이는 타운즈 앤드 거리에 분홍빛 벚꽃이 환하게 피어있는 것을 보고 "아" 하는 감탄사가 절로 나왔다. 우리 집에서 보더스 책방으로 가는 길을 따라 걷노라면, 높이 매달린 화분에 심어놓은 제라니움이 일 년 내내 꽃을 피우고 있기는 하지만, 검게 헐벗었던 볼품없던 가로수가 화려한 벚꽃나무로 변신한 것을 보니, 오랫동안 소식을 모르고 지내오던 어릴 적 소꿉친구라도 만난 듯 반갑고 놀랍기까지 하다.

그런데, 어쩐 일일까. 오늘도 또 구두닦이 노인이 안 보인다. 벚꽃이 화사하게 피어있는 이 화창한 날에, 타운즈 거리와 2가 거리가 만나는 코너에, 붙박이처럼 높다랗게 세워져 있던 구두닦이 의자와, 그보다 조금 낮고 작은 의자에 앉아 손님을 기다리던 그 구두닦이 노인이 요즘 며칠째 보이지 않는 것이다.

아침마다 내가 맨 처음 접하게 되는 창밖의 어김없는 풍경은, 의자에 앉아 신문을 뒤적이며 손님을 기다리고 있는 그 노인의 모습이었다. 키가 크고 깡마른 그

흑인노인은 아마도 오랫동안 여기서 구두를 닦아 왔었는지, 이 길을 지나치는 적지 않은 사람들이 손을 흔들며 알은 체를 하거나, 때론 걸음을 멈추고 정겹게 대화를 나누다 가곤 했다.

요즘도 구두를 닦는 사람이 있나 싶었는데, 며칠 동안 눈여겨보니 실제로 구두를 닦는 사람은 별로 없는 것 같다. 간혹 구두를 닦는 사람도 구두에 반짝반짝 광채를 내고 싶어서라기보다는, 옛 자취가 거의 사라져 버린 이 거리에 여지껏 혼자 남아 있는 그 노인에 대한 옛정으로 구두를 닦아 주는 것은 아닐까 느껴졌다.

그런데 구두를 닦을 때의 그 노인의 모습을 보면 그렇게 흥겨울 수가 없다. 작은 손타올을 목에 스카프처럼 두르고 노인은, 높직한 의자에 앉은 손님의 발치에 긴 몸을 낮게 구부리고, 춤을 추듯이 온 몸을 신명나게 흔들며 정성을 다해 구두를 닦았다.

우리가 사는 콘도 바로 건너편에, AT&T 야구장이 들어서기 이전, 이 주변은 노숙자들이 많이 모이는 형편없는 지역이었고, 또 들리는 말로는 늪지대였다고도 한다. 말하자면, 야구장 때문에 개발된 지역인 셈이다. 처음 이곳으로 이사를 왔을 때 주변의 '모모' 식당이나, '파라곤' 식당의 옥외 식탁에서, 환한 햇살을 받으며 오찬을 즐기고 있는 사람들을 바라보며,

바로 그 '파라곤' 식당 맞은편 길가에 보란 듯이 높다랗게 자리잡고 있는 구두닦이 의자가 좀 어울리지 않는다고 느낀 것은 사실이었다.

그러다가 이러한 부조화도 샌프란시스코란 도시의 매력이겠지 싶어 도리어 좋게 느끼게 되었고, 아마도 그 노인은 이들 고급 식당이나 콘도 주택이 생기기 훨씬 전부터 이곳에서 구두를 닦고 있었을 것 같아, 이 코너의 귀한 유산이 아니겠는가 하는 생각까지 했었다. 어쩌면 실제로 이 노인은 야구장이 들어설 때, 심각하게 다른 거리로 옮겨보려고 팔방으로 노력을 하다가, 마땅한 곳도 없고 또 오랫동안 찾아주는 정든 단골들을 포기하고 낯선 거리로 옮겨갈 자신이 없었거나, 아니면 변화에 반항하는 오기로 지금까지 홀로 버텨오고 있는 고집불통의 노인일 수도, 알 수 없는 일이긴 하다.

어쨌거나, 이 주변은 그 식당들을 찾는 특정 손님들을 제외하면 운동화에 청바지 차림의 젊은이들이나, 애기들을 태운 젊은 엄마들과 내니들 아니면, 노부부가 손을 맞잡고 천천히 걷는 모습들이 눈에 더 많이 띄는 거리이다. 한마디로 말해서, 요즘같이 하루하루 직장에서 떨려나지 않고 있는 것만도 천만다행으로 여기는 불황에, 거리에 버티고 앉아서 돈을 내가며 구두를 닦으려 할 사람이 얼마나 될지, 내심 노인의 비즈니스를 걱정해 오던 것이 솔직한 내 심정이다.

이런 저런 생각을 하다보니 노인이 혼자 아파서 누워있지나 않을까 염려하던 것이, 오히려 그보다는 장사가 너무 안되어서, 더 이상 버티지 못하고 그만 걷어치우게 된 것은 아닐까 쪽으로 기울어지면서 이래저래 씁쓸한 마음이다.

얼마 전에, 전국 Denny 식당에서 무료로 $5.99짜리 그랜드 슬렘 아침 식사를 제공한 일이 있었다. 그때 전국각지에서 그 무료 아침식사를 먹기 위해 수많은 사람들이 길게 장사진을 이룬, 특히 버팔로나 동부같은 곳에선 몇 시간씩 영하의 추운 새벽부터 몰려와 기다리고 있는 기사가 사진과 함께 커다랗게 실렸었다.

사우스캐롤라이나에 베이스를 둔, 전국 체인 1,541개의 Denny식당에서 무료로 그 날 제공한 아침 식사는 무려 2백만 접시에 달했다고 한다. 그때 샌프란시스코에 산다는 파리스 윈스로라는 사람의 멘트가 아직도 기억에 남아 있다. 그는 스트릿 코너에서 '폐업 세일' 광고판을 들고 서 있는 직업을 갖고 있었으나, 이제는 접고 말아야 할 사업체가 다 없어져 버려서, Denny식당 앞에서 맨손으로 서 있게 된 백수가 되었다고 했다.

모두들, 내 인생 한 때에 그렇게 힘들었던 날도

있었다고 옛말을 할 수 있는 날이 속히 다가왔으면 좋겠다. 분홍빛 벚꽃과 함께, 타운즈 앤드 거리에 눈부시게 다가온 환한 봄날처럼 말이다. 그래서 혹시라도 반짝이는 햇살을 온몸에 받으며, 손님의 구두에 광택을 내기 위해 온몸으로 춤을 추듯, 흥에 겨운 구두닦이 노인의 모습을 다시 볼 수 있을지 누가 알겠는가.

---

* AT&T의 이름이 2019년 시즌을 끝으로, 20년간 '오라클 파크'로 구장의 명명권을 획득하여 2019년 1월 9일부로 오라클 파크라고 바뀜.

'싱어롱' 클래스

지난 3주간, 인도로 휴가를 다녀왔다는 페마가 콜린을 안고 교실로 들어선다. 목요일 아침마다 내가 손자 이안을 픽업해서 데리고 가는, 샌프란시스코 미션베이 시티 도서관에서 운영하는 영아들의 '싱어롱' 클래스이다. 45분 가량 계속되는 이 클래스는 월요일의 '마이 짐' 클래스나 화요일 아침의 '뮤직' 클라스, 그리고 수요일 오전의 '싸커' 클래스와는 달리 무료이고, 그래서인지 늘 만원이다. 다른 클래스에도 몇 번 따라가 볼 기회가 있었지만, 유일하게 내가 손자를 데리고 가는 클래스이기도 하다. 페마같은 '내니'들을 만날 수 있어서일까. 나는 이 '싱어롱' 클래스가 좋다.

10시가 지나면서 교실 입구에 한 줄로 길게 스트롤러들이 세워지고, 엄마며 아빠 혹은 유모(내니)들이 아이들을 안고 혹은 걸리며 교실 안으로 들어섰다. 벽을 끼고 빙 둘러놓은 의자에는 벌써 일찍 도착한 어른들이 아이들을 안고 앉아 있고, 교실 한 가운데 방석 크기의 카펫이 깔린 풀러어에도 어른들이 아기들과 함께 앞쪽을 향해 앉기 시작한다.

페마가 환히 웃으며, 나를 향해 자리를 잡아 놓았다며 옆 의자를 가르켰다. 페마는 티베트인으로 대학생처럼 보이는 활발하고 발랄한, 콜린의 유모(내니)이다. 꼭 한국인처럼 생긴 몽골리아에서 왔다는 간다라는 중년 내니도 블론드 곱슬머리의 사내아이를 안고 페마 옆으로 들어와 앉는다.

멕시칸 내니인 아나도 인형 같은 케이디를 한 팔로 가볍게 안고, 육중한 몸을 뒤뚱이며 내 옆으로 와서 앉는다. 아나는 내게 케이디를 75k라고 소개한다. 엄마는 코리안, 아빠는 반 코리안 반 중국인이니까 75% 코리안인데, 줄여서 부르면 그렇다나. 그래서인지, 아나는 나를 만날 때마다 그렇게 반가워한다. 뒤이어 브라질 내니 루시아가, 두 살이 채 못 된 잭크와 9개월짜리 라일라를 데리고 들어왔다.

오늘이 마지막 '싱어롱' 클라스가 된다는 또다른 브라질 내니 시빌라도 애니를 안고 클래스로 들어 섰다. 시빌라는 애니가 태어나면서부터 지금까지 2년 동안 돌봐왔다는데, 다음 주부터 애니가 '너서리'에 다니게 되어 오늘로 애니를 마지막 보는 날이란다. 지난 한 주 내내 애니와 헤어질 생각에 울며 지냈다면서, 그녀는 얼굴이 또 벌겋게 상기된다.

페마가 "우리들도 다음 일자리를 늘 염두에 두고

있어야 해요. 특히 요즘처럼 언제 부모들이 해고를 당할지 모른 상황이라…" 라고 말하자, 몇몇이 수첩을 꺼내들고 시빌라의 전화번호를 받아적으며, 서운해들 했다.

마침내 클래스가 시작된다. 어른들이 무릎에 앉힌 아이들의 조개 같은 두 손을 감싸쥐고, 선생의 동작을 따라 율동에 맞춰 노래를 부르기 시작한다. 입구 가까이 맞은편 자리에 이제 겨우 6주쯤 되어 보이는 신생아 하나가 엄마의 가슴에 얼굴을 묻은 채, 요란한 소음 속에서도 색색 잠이 들어 있는 모습이 눈에 띈다.

한 돌쯤 지난 아이들은 어른들이 하는 대로 손뼉을 짝짝 치며 입을 한껏 벌린 채 노래를 한답시고 와아와아 소리를 지른다. 두 살에 가까운 좀 더 큰 아이들은 어른의 무릎에서 벗어나려고 몸을 뒤틀며 꽥꽥 괴성을 지르는 등 그야말로 각양각색이다.

클래스가 진행되면서 교실 안은 점점 활기를 띄기 시작한다. 그러다가 여덟 번, 아홉 번 째 노래를 부를 때쯤에는 아이들보다도 어른들이 더 열기에 휩쓸려 상기된 얼굴로 힘든 줄도 모르고 무거운 아이들을 번쩍번쩍 들어 올리며 목청을 돋군다. 생김새도 다르고 피부색깔도 각각 다른, 다양한 배경의 어른들과 영아들이 짝짝짝 손뼉을 친다. 어른 아이 할 것 없이 율동의 파도 속으로 휩쓸려 들어간다. 바야흐로 열기로 가득 찬 목요일 아침의 '싱어롱' 클래스가 색색의 고무풍선이 되어 둥둥 떠오르는 느낌이다.

클래스 밖의 세상에서 일어나고 있는 전쟁도, 갑자기 닥쳐온 경제위기도, 그리고 뜻하지 않았던 실직으로 얽힌 고통과 어려움과도 전혀 무관한 맑고 천진한 웃음들이 물방울처럼 반짝이며 교실 안을 환하게 가득 채운다.

손자가 생긴 이후, 나는 이곳 샌프란시스코 퍼블릭 도서관에서 베푸는 이 목요일 아침의 '싱어롱' 클래스에 오는 것이 너무도 즐겁다. 흡사 작은 '유엔'을 연상하게 하는 이 '싱어롱' 클래스 때문에 늘 당면한 내 눈앞만 바라보던 나의 좁은 시야가, 좀 더 넓게 지경을 넓혀가기 때문이랄까.

Shoo fly, don't bother me,
(저리가 파리야, 날 귀찮게 말아)
Shoo fly, don't bother me,
(비켜라 파리야, 날 귀찮게 말아)
Shoo fly, don't bother me.
(꺼져라 파리야, 날 귀찮게 말고)
For I belong to somebody!
(내겐 이미 주인이 있다니까!)

페마와 나 그리고 루시아 등 어른들은 물론이고 무릎에서 빠져나가려고 내내 꿈틀대던 이안이와 콜린 그리고 잭크까지, 모두의 동작을 잠깐 멈추게 만든 우리 모두가 제일 좋아하는 '파리 동요'가 경쾌하게 교실 안을 가득 울려 퍼지는 절정의 순간이다.

나의 작은 베란다

며칠 전 드디어, 베란다 화분들에 심었던 샐비어 등을 다 걷어냈다. 작은 베란다에 좁고 길다란 나무 화분 3개와 좀 더 폭이 넓고 긴 화분 2개, 그리고 이사 올 때 가지고 온 둥근 항아리 모양의 검은 화분 2개와 크고 작은 여러 개의 화분에 잡다하게 이것저것 심었던 것들을 말끔히 다 걷어 버렸다. 금년엔 앵두 토마토며 풋고추 등 열매 맺는 것들은 심지 않으려 한다.

지난해 5월, 샌프란시스코 베이 브릿지 근처의 콘도로 이사를 왔다. 오자마자 떠나온 동부 내 집 담장 안의 아담한 텃밭을 잊지 못하고, 조그만 베란다에 샐비어며 몇 가지 꽃들과 함께 풋고추며 앵두 토마토를 정성껏 심었다. 그런데 처음 얼마동안 잎과 줄기가 쑥쑥 돋아나면서 오종종 열매까지 맺기 시작하던 토마토와 포르투갈 고추가 어느 날 갑자기 약속이라도 한 듯 초록색으로 굳어진 채 고만고만한 크기에서 딱 멈추고 말았다.

눈여겨 가만히 살펴보았더니, 오후 3시 반에서 7시 반까지 4시간 동안 머물곤 하던 햇빛이 점점 서둘러

다른 빌딩 쪽으로 옮아가고 있었다. 결국은 햇빛이 머무는 시간이 3시간, 2시간으로 점차 줄어들더니 나중엔 아주 우리집 베란다를 건너뛰는지 거의 햇빛을 보기가 힘들어졌다. 열매를 맺으려면 적어도 6시간은 햇빛을 받아야 한다는 걸 알고 있었다. 그렇지만 4시간으로 혹 어떻게 살아남을 수 있지 않을까 하며 요행을 바라고 심었었는데….

어쨌거나, 신기하게도 한 겨울동안 샐비어와 임페이션 꽃이 계속 피어있는 내 작은 베란다에서 꽈리처럼 동그랗게 매달린 진귀한 고추들과 토마토는 그런대로 훌륭한 관상용 식물이 되어 해를 넘겨주었다.

말끔히 정돈한 화분들에서 한 ⅓ 정도의 흙을 걷어내서 버리기 쉽게 비닐봉지에 담아 옆으로 밀어놓고, 대신 새로 사온 흙으로 살살 채워넣었다. 금년에도 또 다시 임페이션, 프리지어, 진홍의 피튜니아, 그리고 특별히 내가 좋아하는 팬지꽃들을 정성껏 심어서 베란다 바깥쪽에 주욱 내놓았다. 뻐근해진 허리를 두드리며, 방안으로 들어와 안에서 잘 보이도록 돌아가며 거실과 작은 서재의 블라인드를 이리저리 조절해 놓은 후 다시 거실 소파로 돌아와 앉아 본다.

새로 심은 팬지꽃들과 임페이션 꽃들 뒷편으로, 맨끝 베란다 코너에 2주 전에 심었던 분홍색 제라늄들이 두

개의 둥근 항아리 화분에 곱게 피어 있고, 지난해 한국에 갔을 때 손아래 올케가 화분을 엎어 묘근을 신문지에 싸주어 가져다 심은 '사랑초'의 진한 자줏빛 잎들이 바람에 부드럽게 살랑거린다.

봄부터 여름 내내 그리고 가을 햇살이 비낄 때까지 토마토, 풋고추, 깻잎은 물론 상추와 쑥갓 부추에 아욱이며 한국 오이와 즈키니 그리고 일본 가지에 이르기까지, 지칠 줄 모르고 온 몸에 햇살을 받으며 누리던 나의 전원생활은 앨범 속의 사진들처럼 이제는 지나가 버린 삶이 되었다.

은퇴 이전, 동부의 우리집 거실에 앉아 창밖을 내다보노라면 몇 시간 동안 자동차 한 대 지나가지 않았다. 앞 뜨락에 그늘조차 빠알갛게 물들일 것 같았던 메이플 나무에 걸어놓은, 새 먹이집에 날아와 오그그 모이를 먹으며 우짖던 크고 작은 새들과, 나무 밑둥까지 다가와 함께 어울려 놀다가 가는 다람쥐가 오직 살아 움직이는 생물체 같았던 고요한 생활이었다.

마침내 베란다에 햇살이 환하게 다가오는 시간이다. 반가운 마음에 문을 열고 꽃으로 둘러싸인 내 작은 베란다에 나가 의자에 앉는다. 의자에 앉고 보니, 불현듯 차 마시기를 즐기는 서울의 내 친구 생각이 난다. 구색을 맞춘 예쁜 찻잔도, 또 찻잔을 올려놓을 쓸만한 테이블도 아직 장만하지 못했지만, 나는 아마도 이 자그마한 베란다 때문에 낯선 항구 도시 샌프란시스코를 이처럼 사랑하게 되었는지 모르겠다. 몸이 허약해져서 먼 여행이 쉽지 않다는 그 친구에게, 그리고 다정하기 이를 데 없는 내 남동생에게 연분홍 갸날픈 꽃술을 피워 올리기 시작한 자줏빛 '사랑초'와 함께, 햇살을 받아 더욱 영롱하게 반짝이는 베란다의 내 작은 꽃밭을 카메라에라도 담아 보낼까 생각해 본다.

빠근한 행복

오늘은 종일 집에서 흙을 뒤집으며 지냈다. 두 주일 동안을 매일 노래 부르다 시피해서, 오늘 아침 드디어 남편이 삽으로 내 채소밭의 흙을 일구어 주었다. 한 삽 길이만큼 흙을 뒤집어 주어야 제대로 자양분이 흙 속으로 들어간다는 어느 분의 말을 들은 후부터, 이른 봄이면 뉴욕 시에서 모처럼 다니러 온 아들에게, 혹은 잔디 깎는 일 외의 집안일에는 진저리를 치는 남편에게, 진저리나도록 끈질기게 졸라서 해내게 만든 흙 뒤엎기 작업이다.

썬 블록크림을 바르고, 썬 바이어를 쓰고 헌 운동화를 찾아 신고 갈고리와 호미를 가지고 뒷뜰로 나섰다. 내일은 다시 비가 온다니, 오늘 흙을 뒤집어 놓았다가 주말이나 다음 주 중에 씨앗을 뿌리거나 모종을 심으면 딱 좋을 날이다.

쑥갓, 상추 씨앗과 한국오이 토마토 모종도 벌써 사다 놓았다. 이른 봄이면 성질이 급해서 남보다 일찍 근처의 너서리를 돌아다니며 모종들을 돌아본다. 고추모종만 해도 각가지, 혀가 돌돌 말리도록 매운 할라피뇨, 내가 좋아하는 길고 쭈굴쭈굴한 포르투갈 고추, 그리고 뾰족한 한국 고추 등 손바닥만한 텃밭에 서너 그루씩 빼곡히 심곤 한다. 한국 호박도 세 그루 정도 심고, 미국 호박 즈키니도 두 세개 심으려고 한다. 미국 호박은 한국 호박과 달리 한참 열릴 때 제때 따지 못하면 눈 깜짝할 사이에 어른 팔뚝만큼 커져버린다.

깻잎을 따서 돌리기가 바쁠 정도로 늘 풍년인데, 한여름 철엔 모기 때문에 따다 돌리는 일도 만만한 일이 아니다. 부추도 이미 5센치 정도 자랐고, 해마다 저절로 올라오는 파는 벌써 한 봉지 잘라다가 냉장고에 넣어 두었다. 지난 이태 동안은 한국 참외처럼 뚱뚱한 미국 가지도 너댓 그루 심었더니 몇 번 따서 돌리고도 미처 못다 먹어서 나중엔 썩히기까지 했다.

내 채소밭을 보고 소꿉장난 같다고 하지만, 작년엔 아욱이며 근대까지 심었다. 근대는 늦가을까지 하도 잘 되어서 몇 번이나 교회 분들께 나누어 주고도 남아서 냉동고에 얼렸다가 눈 내리는 겨울에 된장국을 끓여 먹기도 했다. 토마토는 크고 탐스러운 '빅 비프'와, 앵두같은 '체리' 두 종류만 심으려 한다. 사실 토마토는 억지로가 아니면 별로 잘 먹게 되지 않지만, 모종을 보고 그냥 지나칠 수가 없어서 매해 사다 심곤 한다.

주말에 비가 오면 골프를 못쳐서 기분이 나빠지는

나의 골프 챔피언 친구에겐 미안하지만, 나는 이맘때면 비가 올 때마다 창가에 서서 촉촉히 봄비에 젖는 나의 채소밭을 내다보며 자못 행복해한다. 그러나 작년처럼 여름으로 들어설 때까지 너무 비가 많이 와도 안 좋다. 이틀이 멀다하고 내리는 비 때문에 땅이 습해서 토마토도 호박도 거의 따지 못했고, 그렇게 애지중지 가꿔주던 아까운 한국 오이도 줄레줄레 올라가다가 시들시들해져서 하는 수 없이 걷어 버렸었다.

여름이 되면 나를 만나는 사람마다 곧잘 골프 여행을 다녀왔느냐고 묻곤 한다. 나의 검게 탄 살결을 보고 하는 말이다. 검게 태운 살결은 백인들이나 좋아하지 흑인은 물론이고 동양인들은 백옥같이 흰 살결이 선망의 대상이다. 절대로 밭일은 하지 않는다는 어느 선배의 백옥같은 얼굴을 보고, 나도 지난 가을엔 '내년부터는 이제 밭농사 그만둔다. 점점 주름살이며 검은 점들이 많이 생겨서 봐주기 힘든데…' 했었다. 그런데 봄이 되자 '에라, 평생 살결 희다는 소리 한 번 들어 본 적 없는 검은 원단인데, 몇 가지 안 되는 좋아하는 일 중에 나의 밭농사를 어찌 포기하랴'로 생각이 바뀌고 만다.

허리와 엉치가 뻐근하다 못해 찢어질듯이 당겨온다. 얼마만큼 하다가 손을 멈추어야 하는데, 검은 흙이 보슬보슬 손가락 사이로 부서져 내리는 감촉 때문에 입에서 끙 소리가 나올 때까지 미련하게 손을 멈추지 못하곤 한다. 아득한 옛날 허리가 90도로 꼬부라진 '본천'의 우리 외할머니 생각이 난다. 게다가 쪼글쪼글 주름살로 가득한 한 줌 메마른 볏단처럼 졸아버린 내 늙은 모습을 상상해 보고서야, "아그그구" 소스라칠 듯 우두두둑 한참이나 걸려 겨우 허리를 세우고 일어섰다.

채소밭에서의 뻐근하고 행복한 나의 하루였다.

빈 카드

최 장로님이 최근 의사의 권고로 32년 동안 일하던 직장에서 병가은퇴를 하셨다. 지난 5년 동안 뇌암으로 힘든 투병을 하고 있는 37세된 아들 짐을 한 집에 두고 보면서 심한 불면증으로 고생을 하고 있는 중이었다. 그런데 얼마 전부터는 요통에 심한 두통까지 겹쳐, 마침내 일을 할 수 없을 정도로 쇠약해지신 것이다.

우리가 도착했을 때, 짐은 랩탑 컴퓨터를 앞에 켜놓은 채 약에 취한 듯 혼수상태로 겨우 앉아 있었다. 지난번보다 얼굴은 더 병색이 짙었고, 오른쪽 얼굴의 근육이 더 약해진 것 같이 보였다. 손을 쓸 수 없는 위치에 있는 튜머 때문에 오른쪽 얼굴은 허물어져 내리고, 날이 갈수록 커지는 튜머가 탈출구를 찾지 못해 오른 쪽 안구를 밀어내고 있다고 한다. 또 오른쪽 귀도 청각이 없어져서 잘 듣지도 못한단다.

무슨 말을 하는지 잘 알아들을 수가 없어 남편이 옆으로 다가가 짐의 손을 잡고 앉는다. 손을 맡긴 짐은 여전히 머리를 앞쪽으로 수그리고 한참이나 정신을 못 차린다. 딱딱한 음식은 물론 못 먹고, 입안에 감각조차 없어져서 요즘은 입에 넣은 약이 넘어갔는지조차 알 수 없어 아이스크림과 함께 넘긴다고 한다. 액체로 된 음식도 턱의 근육이 받쳐주지 못해서 입에 넣은 음식이 다시 흘러나오기 때문에, 부엌 싱크대 앞에 돌아서서 우유에 시리얼 등을 타서 조금씩 먹는 아들의 뒷모습을 보시곤 한단다.

가래가 기도에 고여 호흡이 어려워지자 본인이 인터넷으로 산소호흡기를 주문하였는데 마침 산소통이 배달되어 온 날, 직장에서 돌아온 미국 며느리가 그것을 보고 화가 나서 "나한테는 언급도 안 했잖아!" 하고 내뱉으며, 그 길로 집을 뛰쳐나갔단다. 결혼 2년 반 만에 남편에게 뇌암이 나타났고, 그 후에 태어난 둘째 딸아이가 5살이 된, 지난 5년 동안에 아들이 저 지경까지 되었으니 며느리도 제 정신이 아니리라고 이해는 하면서도, 장로님은 가슴이 미어졌다.

짐이 정신이 좀 들었는지, 만약의 경우 여동생이 아이들의 '갓 마더'가 되어주기로 했다고 힘겹게 말한다. 지난번에 왔을 때는 아내 린다를 염려하며 '서포트그룹'을 병원 여기저기에 알아보고 있었는데, 이번에는 아이들 장래 문제를 많이 걱정하고 있었다.

며느리 린다는 노골적으로 남편이 '호스피스' 병동으로 가기를 원하는 눈치이고, 아이들과 조금이라도 더 함께 시간을 보내고 싶어하는 남편의 심정은 아랑 곳 없이, 주말만 되면 아이들을 데리고, 종일 어디론가 나갔다가 밤늦게 들어오기 때문에, 장로님은 아들을 혼자 둘 수 없어 벌써 몇 주 째 교회에도 못 나오신다.

지난 정월 MRI 결과를 보고, 의사가 6개월 정도 생각하라고 했단다. 며칠 전에는 스테이트에서 운영하는 '호스피스'에서 상담을 하러 왔었는데, 아들이 미적미적 확답을 않자 그냥 돌아갔다고 했다. 그 이후로 며느리는 '이제는 머리까지 이상해져서 횡설수설한다'면서 더욱 자주 짜증을 내는 요즘이다. 남편을 위해 무엇 하나 해주는 것도 없으면서, 아직 자리에 눕지도 않은 남편을 '호스피스'에 못 보내 안달인 며느리. 베큠이며 집 청소도 하고 차를 몰고 나가 필요한 약품 등 쇼핑도 해오던 지난해부터 이미 '호스피스'를 언급해 왔다는 며느리이다.

짐이 집에 있는 약들을 한꺼번에 다 쓸어먹고 확 죽어버릴까 하니까, 그러면 보험을 못 타게 된다면서 며느리가 펄펄 뛰었단다.

"저렇게 막바지에 다 죽게 된 사람은 상관없어!"

장로님이 참다못해 며느리에게 소리치고 보니 아들보고 약을 먹고 죽으라고 한 꼴이 되었다고 소리

죽여 우셨다.

호스피스에서 주고 간 석션기로 혼자 방에서 가래를 뽑아내고, 이제는 거리 감각도 못하게 되어 오가는 방의 벽이나 가구 등에 빨갛고 노란 테입을 붙여서 거리 조절을 하고 지내고 있었다. 그렇게 만나고 온 것이 두 주 전쯤이다.

"짐이 며칠째 자꾸 울고 있어요."

새벽에 틈을 내어, 교회에서 하는 입양아 캠프장에 보낼 잡채를 버무려주려고 잠시 교회에 오신 장로님의 말씀이다.

"내가 지켜줘야 할 일이 태산 같은데, 각종 학교 행사며 사커게임, 렛슨 등 데려다주고 데려오고, 다 내가 할 일들인데…"

잘 알아들을 수도 없는 목소리로 말하다 울다 하는 아들을 붙잡고, 장로님도 소리 내어 함께 울다가 달려오셨다고 한다.

해마다 우리 교회에서 하는 입양아 캠프를 위해 엄청난 양의 잡채를 늘 맡아 해주시던 장로님께 차마 부탁을 못하고 있던 우리들에게, 재료를 다 준비해 놓으면 잠시 와서 후딱 해주시겠다고 60마일 밖 글렌스 폴에서 달려오신 장로님이다.

이런 장로님을 마주 대할 때마다 나는 말 못하는 벙어리가 되곤 한다. 짐에게 보내려고 사놓은 카드를 붙들고 한나절을 보낸 바보 천지이다.

'해 아래 새로운 것은 아무 것도 없고, 땅 위에서의 우리의 자랑과 모든 애씀도 다 헛되고 헛되다'는 〈전도서〉의 말씀을, 혹은 '범사에 기한이 있고 천하만사가 다 때가 있나니, 날 때가 있고 죽을 때가 있으며 심을 때가 있고 심은 것을 뽑을 때가 있다'는 경구를, 아니면 '지혜자나 우매자나 다 영원하도록 기억함을 얻지 못하고 후일에는 모두 다 잊혀버림을 당하리니, 해 아래 새로운 것은 진실로 아무것도 없다'는 구절을 위로라고 쓸까?

한 장의 카드 앞에 죄인처럼 끓어 앉아 빈 카드만을 가슴 앞으로 끌어 당겼다 밀어 놓기를 며칠 째 반복하고 있는 미련한 나.

'미련한 자의 마음은 미련한 것을 전파한다'는 〈잠언〉의 말씀이 더욱 더 나를 멍청하게 짓눌러 오는 막막한 순간이다.

면회

우리가 아직 동부에 있었을 때, 올바니 구치소에 갇혀있는 S씨를 면회하러 갔다가 바로 그 전날 연방 감옥소로 이감이 되어 면회를 못하고 돌아온 적이 있었다. S씨는 지난 해 봄, 비자가 없는 한국인들을 캐나다에서 미국으로 밀입국시켰다는 죄목으로 6개월 동안 올바니 구치소에서 미결수로 지내고 있었다. 그 후 한국의 늙은 부모와 형제들이 보석금을 보내와서 4개월 동안 밖에 나와 있었지만, 지난 1월 말에 다시 재판을 받고 유죄판결을 받아 앞으로 10월까지 감옥에서 형을 치뤄야만 하는 43세의 한국 남자이다.

한때 서울 모 대학 철학과를 장학생으로 졸업한 유능한 청년이기도 했던 그는 꿈을 품고 캐나다로 이민을 왔다. 그러나 힘든 이민 생활에 적응하지 못한 아내가 집을 나가는 바람에 가정은 깨져 버렸고, S씨는 생활을 위해 의뢰를 받고 크고 작은 그룹이나 단체들을 관광시켜 주는 일을 시작하면서, 이제는 그 일이 그의 직업이 되었다.

이처럼 관광 안내 일을 하다가 그는 불법 입국자들을

미국으로 스머글링하는 단체에 걸려든 희생자가 되었다. 신문에서 '운전의뢰'라는 광고를 보고 관광객 7명을 픽업하러 갔다가 뒤늦게 관광객이 아닌 불법 입국자들임을 깨닫게 되었고, 결국 그는 현장에서 국경경비대에게 체포당한 것이다.

9.11 이후, 대부분의 미국인들은 외국 이민자들에게 호의적이 아니었다. 특히 밀입국자들에게는 감정적으로 혐오하고 있음을 나는 지난 1월, S씨의 이틀에 걸친 공판을 지켜보면서 뼈저리게 체험했다.

S씨는 구치소에서 가끔 우리에게로 편지를 보내오곤 했다. 공정하지 않았던 판사와 재판절차에 관해서 8페이지나 되는 긴 편지로 기록으로 남기고 싶다면서 우리에게 보관을 부탁하기도 했고, 구치소 안에서의 생활도 상세하게 써서 보내왔다. 차입품으로 들여보낸 성경책과 생명의 말씀 등 10권의 책을 받고 영적인 갈증을 충족시켰던 기쁨을 감동적으로 적은 편지도 보내왔다. 또 그를 위해 변호했던 변호사가 그가 유죄판결을 받았을 때 재 어필하겠다고 했었는데, 판결 이후 한 번도 찾아오지 않았고 아무런 연락도 없다면서 서운해하는 편지도 있었다.

면회를 못하고 돌아온 그날 오후에도 S에게서 또 한 통의 편지가 날아왔다. 갑작스레 연방감옥으로 이감되기 전에 쓴 편지 같았다. 그 편지는 '바쁘신데, 이른 아침에 면회를 안 오셔도 된다'고 시작하였으나, 사실은 더 큰 이유가 있었다.

면회실은 기다란 방에서 죄수와 면회자들이 어깨 높이 위까지 세워진 투명한 플라스틱 칸막이를 사이에 두고 서로 마주 앉게 되어 있었다. 방 여기저기에 7, 8명의 무장 간수들이 지켜 서서 참관하는 가운데, 한정된 짧은 시간 안에 필요한 대화들을 나누느라 소음 때문에 손으로 귀를 감싸고 상대방의 입을 읽으며 대화를 해야 한다. 그러다가 호루라기 소리와 함께 면회시간이 끝나면 죄수들은 자리에 그대로 앉아있다가 면회자들이 다 방을 나간 후 다시 각자의 방으로 보내진다. 그때 감방으로 보내지기 전에 다시 한 사람씩 몸을 검색하는 절차가 있다고 한다. 이 몸 검색이 문제가 되었던 모양이다.

대다수의 죄수들은 위아래가 한 피스로 되어 있는 죄수복인 노란색 오버롤을 벗어 발아래까지 내리게 한 후, 뒤로 돌려세우고 몸을 90도로 굽혀 항문을 검사당하는 치욕적인 몸수색을 당한다. 또 더러는 항문을 까뒤집는 경우까지도 있다고 한다. 면회 시 마약 등을 전해 받아 항문에 넣어가지고 들어가는 경우를 우려해서 하는 행동이라고 한다.

S씨는 흉악범이 아니어서 평상시엔 그냥 웃통만 벗어 내려 보이고 방으로 보내지곤 했었는데, 지난 금요일은 다른 죄수들과 똑같이 그런 치욕적인 몸수색을 받았다고 했다. 미국이란 법치국가에서 어떻게 이렇게 인권이 유린당할 수가 있는지, 출두 후 반드시 이 일을 고발하고 결단코 용서치 않으리라는 분개한 편지였다.

변호사의 말로는 일단 뉴욕 브루클린 감옥으로 보내졌다가 S와 같은 폭력범이 아닌 죄수들은 펜실베니아의 캠프장 같은 감옥으로 보내질 거란다. 캠프장 같다는 말이 얼마만큼 사실인지 알 수 없지만, 흉악범들과 분리된 곳으로 보내진다니 우선은 안심이 됐다.

S가 이감되고 나서 얼마가 지난 뒤, 두 번의 소포를 받았다. 브루클린 연방감옥의 주소에서 보내온 첫번째 소포는 갑자기 이감되면서 편지도 동봉하지 못한 채 경황없이 싸보낸 S의 양복과 속옷들이었다. 그리고 두번째 받은 소포는 김이라는 사람에게서 온 작은 상자였는데, 십자가가 달린 천주교 목걸이 한 개가 들어 있었다.

김 씨는 언젠가 캐나다로부터 걸려온 그 누님이라는 분의 간곡한 전화를 남편이 받고 구치소로 면회를 갔다가, 교회에서 온 사람과는 만나지 않겠다고 거절해서 못 만나고 왔던 청년이다. 아마 같은 날, S와 함께 연방감옥으로 이감되었던 모양이다.

연방감옥은 올바니 구치소와 달리, 그 가족이나 친지가 방문하려면, 면회일 한 달 전에 감옥에서 특정 서류를 받아서 서면으로 신청해야 한다는 까다로운 절차를 거쳐야 한단다.

언제 S에게서 면회 신청서류를 받게 될지 알 수 없는 상황이다. 남의 나라에서, 이렇게 힘든 삶을 살아가고 있는 동포들도 있어 너무도 마음이 아프고 안타깝다.

"네 나라로 돌아가라"

"네 나라로 돌아가라."

제대로 구색 맞춘 아시안 그로서리도 몇 안되던 수십 년 전, 백인 중년 여인이 느닷없이 내게 내뱉았던 말이다. 처음엔 잘못 들었나 싶어 순진하게 되물었었다.

"아이 백 유어 파던?"

그러자 다시 백인 여자가 흉한 얼굴로 대답했다.

"네 나라로 돌아가라고!"

난 그 여자 앞으로 가까이 다가서며, 그녀의 귓가에 속삭였다.

"그러는 너는 어디서 왔는데? 너나 네 나라로 돌아가, 내 걱정 말고. 난 여기가 어떤가 좀 살아보려 하니까, 오케이?"

어리둥절해 하던 그 여자는 내 눈을 보더니, 놀란 듯 휙 돌아서 도망치듯 사라졌다.

요즘 다시, 아시안들이 심심찮게 이런 말을 듣는다. 얼마 전엔 백인 여자가 아시안들의 집 벽에, 이 집을 비우고 언제까지 떠나라는 프린트 벽보를 붙이는 광경이 찍힌 CCTV가 공개되었다. 또 버스를 기다리던 70대 한인 노인을 뒤에서 밀쳐 상처를 입혔다는 기사도 읽었다. 최근에는 심지어 린치까지 당하는 일이 생겨나는 등 아시안 혐오 분위기가 점차 퍼져 나가고 있다.

이제 또다시 '네 나라로 돌아가라'는 인격모독을 받게 되면 어떻게 대답해야 할까?

"당신을 부모로 두고 태어난 자녀들이 참 안됐다!"

"당신의 아이들이나 이웃들이 지금 당신의 모습이 찍힌 이 비디오를 보면 어떨 것 같냐?"

"어글리 화이트가 어떤 사람인지 오늘 드디어 보네!"이렇게 말해줘야 할까.

어제는 4개월 만에 우리 교회에서 처음으로 야외예배를 드렸다. 하늘색 텐트 안에서 간단한 건강진단 설문지와 발열체크를 마친 후, 뒷마당에 6피트 간격으로 마련된 의자로 가서 앉았다. 전력이 단절되면 집안에 전기가 안 들어오고, 수원지와 연결이 단절되면 집에 물이 안 나오듯이, 예배가 없는 교회의 존재 이유에 대한 설교말씀이 마음에 남는다.

2020년 8월 7일 현재, 미국 누적 코비드-19 확진자 수는 5백만명에 육박하고 있고, 사망자 수는 16만

1천명을 넘었다. 찬바람이 불기 시작하면 독감(Flu)과 코비드-19에 동시에 감염이 될 수도 있단다. 무섭고 두려운 뉴스다.

이런 상황에서 오랜 세월 이 땅에서 세금 꼬박 내며 살아가는 아시안들에게 감히 '네 나라로 돌아가라'고, 쉽게 우리들의 삶 전체를 뒤흔드는 말을 하는 무지한 백인들과는 어떻게 연결이 가능할까 ….

반세기가 지난 짧지 않은 세월을 더불어 살면서, 당당이 나도 보호받을 '권리'가 있는 내 땅으로 알고 살아온 곳에서, '네 나라로 돌아가라'는 뒷머리가 띵해지는 서늘한 말을 되새기며, 더욱 더 삶의 초점을 늦추지 않고 살아가야 할 무거운 숙제를 짊어진 느낌이다.

예배가 끝나, 텐트 안으로 우리들 사이를 감싸며 불어오는 훈훈한 바람을 뒤로 하고, 모든 사람들이 다 함께 더불어 살아가는 세상을 꿈꿔보며, 답답한 마음을 풀지 못한 채 교회를 나섰다.

3부 영문시

Ian, my first grandkid

Unassuming and a rule follower through and through···

Tall and athletic, an avid skier who loves to play baseball,
"Read books and study hard so that you can get decent jobs later···"
I said

"I can get a job, Nana. I can give baseball lessons!"
He answered

When we went a family trip to China & Korea years ago,
Kids were told to make sure they hold hands with adults
Whenever and wherever we go around the streets & cities of the Foreign Lands

And he was the only one who holds either grandpa's or my hand
Tightly throughout the whole trip

We tell him,
You are the special one, because he was the First born of the Family and the Rule Follower!

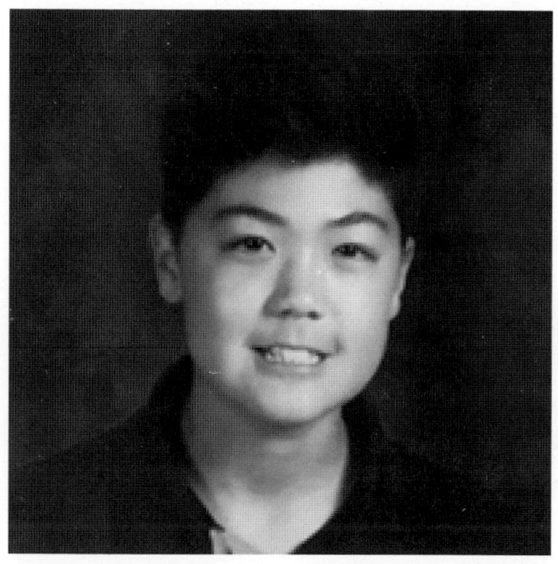

Ian, my first grandson

The One and Only Taryn

Pretty though we are never allowed to use
that word

Smart though we never utter that word in
front of her siblings

Short but describe her slender and perfectly
proportioned

Tremendous reader, we beg her not to carry
books everywhere
Not when she walks or when it's dark

She smiles and darts into her car seat and
puts on the light band on her forehead when
it's dark

Recently, she says with a blinding smile
"I am your favorite grandkid!"

We tell her she is the special one,
because she is

the One and only girl in this family of the Kangs & the Johnstons & her Gomo's family all combined!

Taryn, my One and Only granddaughter

The 3rd born Lachlan

Lachlan,
You were born to my daughter 9 years ago!
Even though
You were an unexpected third child to them, you brought that much more pleasant surprises and joy to the Family

And somehow, I give you a big score that
You are the one who is the CEO material among the others

Recently
You try to talk and even walk like your older brother
And you challenge your older sister with your physique and height

You approached me one day when we were alone,
"What are CEO materials Nana?"

And I tried to explain…
You need to have these 3 things to become a

leader…
A big heart which foresees beyond present things or matters
A big heart which cares other's well being before yours
A big heart which can overlook or accept and embrace other's mistakes or accidents…
And the CEO material is even better quality or more precious than the CEO itself!

And Nana thinks, you have a big heart!
"Do I ?"
He thrusts his chest and laughs. I wonder if he knew what he was laughing about…
9 Years old today, the 3rd child,
a CEO material!

Lachlan, my third grandson

Lucas, the First Born Kang

Straight and decent like his dad
Future Scholar like his maternal grandpa

Good at geology, knows the names of the every Capital cities of every Nation,
As well as all the Capital cities of United States at age 5

When I asked him
“Which makes you happy, a smart kid or handsome one?”
Without a blink of an eye,
“Handsome!”
He answered with a wide smile

Nana overused the word “Smart?”

We tell him, he is special, because he is the first third-generation Kang in this land

Lucas, my First born Kang grandson

The Cutie, Ethan Kang

Our cutest and sweetest boy
Wise and unpredictable
Most posted on Facebook by his momma
The forever attention hungry boy···

Good at drawing birthday cards···
And makes wonder what he will become
Because he is so good in acting and dancing
and in many more···

But still recognized as the family's baby at 6
going Into 7

That's why he is prone to get into "bad
mood" so easily?
Get that, Family?

We tell him, "You are the special one!
Because you are the youngest born in the
family and born in San Francisco but came
from Brooklyn in mom's tummy!"

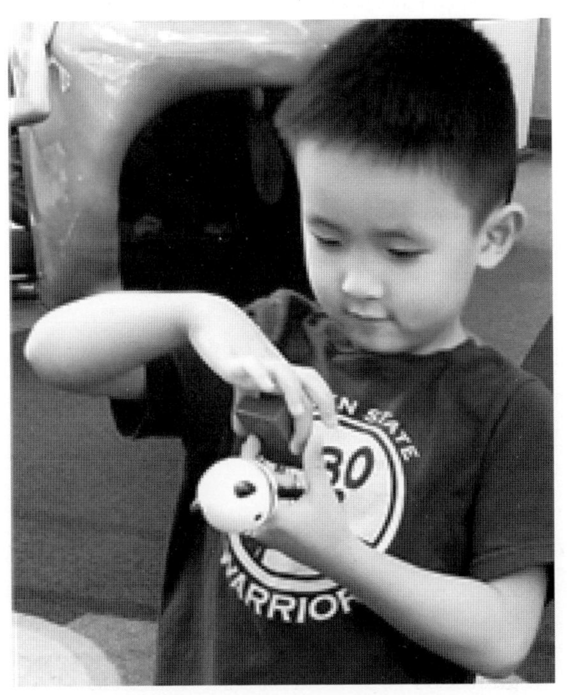

Ethan, our sweetest and youngest grandson

The Ventilator

-Translated-

My beloved wife, where are you now
In death at 41, or among the living
Or wandering somewhere in between
How can you be so at ease

Beyond operation, beyond healing
Your brain done in by a double heart attack
But even after the ventilator was removed
You still hung on

My wife, mother of my daughter and my son

What keeps you hesitant and wandering
If it were not for me or our little children
Could you tear yourself away

We can't bear to release you
To let you fly away
Waving goodbye
Stroking your long hair

And

Your Mom and Dad
In a distant land, so far away
Forbidden to say farewell to their only child

Though looking back
Our life shone beautifully, once
Like the sweetest dream

Even now
I hear the splash of melody
As if from your fair face
I hear our laughter rolling in crescendo
And an endless replay of our songs

I know
Unable to give us up
You tried to hang on
With all you had
To that pathetic machine

I am so grateful
I am so sorry
I am so heartbroken

What are we to do
My dear wife

What are the three of us to do

- Translated by-
Jungsoon Yu, Ph.D. Christian Counselor
Ewha Women's University
Kyunggi Girls High School
Lives in Seoul

Ventilator

-Translated-

Forty-one year old you, my wife…
Now, between death and life
Where are you wandering about, and yet
you appear so calm

No more merits for neither surgery nor
therapy,
And your two cardiac arrests
So damaged your brain

Even after the doctors removed the ventilator
from you,
You, still hanging on, couldn't let go

My wife, you, the mother of my daughter and
my still very young son

You my dear,
What prevents you, err, I, not me
From letting go of those young ones and let
them be

So hesitate and falter and wander around…
Freely freely fly away
How I long to stroke your long hairs and
Bidding farewell-ahn-nyung
Please leave in peace, I'd say, whilst saying
bye or allowing you to go away
cannot be uttered by me, and by our young
ones

And also
in the faraway foreign land
who cannot come to bid farewell to their only
child, you
your mama and papa…

When I look back, yeah
our lives were
So very beautiful, and
So like in a dream

Even now
inside your fair forehead,
the waves of our songs and bright dreams
No need to open your mouth, I still hear
Your precious gem like laughters…

Come to think of it,
You could not give us up, as you were
Hooked up to that wretched ventilator···
Dear darling
You fought and suffered with all your might

I cannot say thank enough
nor can say sorry enough
that my heart just crumbles···

What should we do
My dearest
We, the Three of us

-Translated by-
Kwang-Jin Kim, Ph.D.
Professor of Medicine and Physiology & Neuroscience
Keck School of Medicine
University of Southern California
Lives in Los Angeles

Dear…

They are your neat hands
which hold me in fresh joy

And it is your thick hair
which gives me the rest

But sometimes the silence of your brow
makes me somewhat dull

And I often read my deep solitude
in your tired eyes

Now you are standing before me,
but like the dark winter

It's really your dry smile
which passes through me with pain and love

October

Look, Mum!
The showery gleaming
beyond the thin sunbeams

Flowers are quivering all day long
around the burning ivy of buildings

Look, there!
the hesitating rays on the pale railing

That resembles neither the giggling September
nor the moaning November

listen, Mum!
Those humble murmuring of the twinkling
October throughout the air

Like the dim faces with sudden memory

Don't you feel sorry, Mum?
There, she is passing by
without a greeting

BLM March*

Can we imagine
What would be like

If Derek Chauvin, the white man

In broad daylight
murdered by suffocation, caused by the pressure of a
Black police officer's knee for 9 minutes,
In the presence of other 3 non-white
Officers during arresting

Can that be ever possible,
Or could it be just tolerated,
as an act of self-defense against the fear of threat to the life of law officers?

Then what should have been done,
What ought to have been done?

Is this America, still a land of Dreams and Hopes?

And then, what is this irony that
We are facing
This anti-Asian hate violence in the streets of
America day after day
by both the White and the Black?

Was it a joke that
I went out for the BLM march
after Geoge Floyd's death?

Is this real? What's happening?
Or
Do we, the Asian-Americans,
Whose faults are too passive and indifferent
about things outside of
their own interests, and too focused on self-
achievements, and simply
Ingrained DNA… the selfishness

Are these punishable crimes?

Whose Lives do matter?
BLM or ALM(Asian Life Matter)?

Can we imagine
what would be like living
side by side
Without these kinds of
March ever, never?

---

*BLM March : Black Lives Matter 시위

Golden Gate Bridge

분수

류장렬 곡
김찬옥 시

빠르지 않게
9 월은 그렇 게 도서관앞 호숫 가에 와앉은세마
리 카나디 안 거위와함 께 잠시머물 다 떠 났
rit.
다 이름모를나뭇잎 사 이로 성성한 갈잎
줄 기 사 이 로 빌 딩 창문마 다 번 쩍 이 며 종 일

일 렁 이 다 떠 난 9 월 의 빈 자 리 붉 은 벽 돌 담 쌜 비 어 는
성 긴 햇 살 을 움 켜 안 고 꺼 이 꺼 이 울 음 을 토 하 는 데
호 수 한 가 운 데 홀 로 선 분 수 대 는 저 리
도 하 릴 없 이 물 위 에 물 을 뿜 고 또 뿜 는 가

"정제된 시를 노래로 만들면서"

류장렬

며칠 전 출판사로부터 김찬옥 님의 작품집《나의 시, 나의 라이프》가제본을 받아들고 기쁜 마음으로 책을 펴 읽어 내려가다가 시 '분수'에서 시선이 멈춰졌고, 그 순간 악상이 떠올라 곡을 만들게 되었다. 김찬옥 님과 부군이신 강 목사님과는 오래전부터 알게 된 관계라 한국과 미국을 오가면서 우리 부부와 여행도 함께 하였고, 그때마다 두 분의 인품에 감동을 받곤 했었다.

김찬옥 님은 반세기 전 미국 유학생이었던 남편과 학교에서 만나 결혼을 하였고, 슬하에 남매와 다섯 손주들이 잘 자라고 있다. 오랜 미국 생활을 하면서, 특히 최근의 코로나 판데믹 삶을 살아가면서 본인도 언급했듯이 '아시안 혐오'로 모호해져가는 정체성을 위로받고자 부단히 주위에서 보고 느낀 모습들을 진솔하게 시와 수필로 써내셨단다.

김 작가는 시 〈가을〉에서 '알맹이 없는 액자처럼 창 앞에 다가선 가을'(하략)이라고 표현함으로써 결실과 아름다움 그리고 충만함의 가을이 아니라 알맹이도 없는 액자 안에 일렁이는 공기 같은 처연(凄然)함으로 가을을 표현하고 있다. 그리고 산문 〈구두닦이 노인과 봄〉에서는 (상략)'…내 인생 한때에 그렇게 힘든 날도…'(중략) '눈부시게 다가온 환한 봄날처럼 말이다…'(하략)라는 표현을 통해, 매일 아침 창밖을 통해 흑인 구두닦이 노인의 삶을 눈여겨 바라보면서

새 시대의 변천 속에서도 개의치 않고 햇살을 받으며 춤추듯이 온몸으로 흔쾌(欣快)히 살아가는 모습을 애틋한 삶의 아름다움으로 승화(昇華)시키면서 그들에게도 소망이 이루어지길 바라는 저자의 측은지심(惻隱之心)이 엿보인다.

또 산문 〈나의 작은 베란다〉에서는 (상략)'…봄부터 여름내내 그리고 가을 햇살이 비낄 때까지…'(중략) '마침내 베란다에 햇살이 환하게 다가오는 시간 반가운 마음에 문을 열고 꽃으로 둘러싸인 내 작은 베란다에 나가 의자에 앉는다'(하략)라는 표현을 통해 주어진 삶을 즐기는 작가의 모습을 보여준다. 샌프란시스코 도시의 콘도생활에서 화초나 채소를 심고 가꾼다는 것은 쉬운 일이 아니다. 저자는 몸소 실천하면서 '지칠 줄 모르고 온몸에 햇살을 받으며 누리던 나의 전원생활이 앨범 속의 사진들처럼 이제는 지나가버린 삶이 되었다'라며 지난날을 회상하는 애잔한 마음이 동심초(同心草)처럼 내 마음에 와 닿는다.

앞으로도 김 작가가 지속하여 붓을 놓지 말고 생동감 있는 '시와 라이프'의 이야기를 계속 써나가시기를 감히 당부하면서 격려를 드리는 바이다.

〈류장렬〉

*교육학 전공 *서울시교육청 장학사, 교감, 교장, 장학관 *교육부 장학관
*작곡집; '봄봄봄' 펴냄(1979) *초등교과서 수록곡; '숫자놀이' '별'(1980년대 교육과정)
*서울시내 유치원, 초등학교, 중고교 등 17개교 교가 작곡.
*KBS '누가누가 잘하나' 심사위원(1990~1994)
*퇴직후 〈트루판 사막의 낙타〉(한 경 시집) 외 다수 시인의 시집 작곡.

김찬옥

숙명여고
이화여대 국어국문학과
버팔로 뉴욕주립대학
북가주 샌프란시스코 근교도시
로스 알토스 거주

나의 시, 나의 라이프

지은이 : 김찬옥
펴낸이 : 김봉진
펴낸날 : 서기 2021년 10월 15일
펴낸곳 : 도서출판 비움과 채움
주　소 : ㊝ 06764 서울시 서초구 태봉로 2길 5, 502-1201
전화 02-999-0053 전송 02-576-2060
전자주소 ranto@hanmail.net
값 10000원
ISBN 978-89-93104-48-6 03810